Côte d'Azur

Uitgeverij ANWB

Inhoud

Het belangrijkste eerst
blz. 4

Dit is de Côte d'Azur
blz. 6

De Côte d'Azur in cijfers
blz. 8

Eten en drinken
blz. 10

 Je kompas van de Côte-d'Azur
15 manieren om je onder te dompelen in de streek
blz. 12

De kust van de Provence
blz. 15

Cassis blz. 16

 1 Nationaal park in het 9e arrondissement – **de Calanques**
blz. 18

La Ciotat blz. 20

 2 Op grote hoogte – **de Route des Crêtes**
blz. 22

Bandol blz. 25

 3 Provence in het klein – **omgeving van La Cadière-d'Azur**
blz. 26

Sanary-sur-Mer blz. 29

 4 Ballingengeluk onder de palmen – **door Sanary-sur-Mer**
blz. 32

Toulon blz. 34

Hyères blz. 39

 5 Duiken en wandelen – **Port-Cros**
blz. 42

La Côte des Maures
blz. 45

Bormes-les-Mimosas blz. 46

Le Lavandou blz. 47

 6 Waar de president gaat zwemmen – **aan de Cap Brégançon**
blz. 48

St-Tropez blz. 51

 7 In het kastanjebos – **door het Massif des Maures**
blz. 56

Ste-Maxime blz. 58

 8 Schildpaddenopvang – **Le Village des Tortues**
blz. 60

Fréjus blz. 62

St-Raphaël blz. 63

 La vie en rose – **de opmars van de rosé** blz. 66

Van Cannes naar Menton: de Rivièra! blz. 69

Cannes blz. 70

 Grote bioscoop – **La Croisette** blz. 72

Grasse blz. 78

 Heerlijke geuren – **Grasse, parfumhoofdstad** blz. 80

Antibes blz. 82

 Meesterwerken met zeezicht – **Musée Picasso in Antibes** blz. 86

Nice blz. 88

 Met een scheutje Dolce Vita – **oude stad van Nice** blz. 90

 Volgende halte: kunst – **tramlijn 1** blz. 96

Monaco/Monte Carlo blz. 100

Menton blz. 103

 Serres – **de tuinen van Menton** blz. 104

Reisinformatie blz. 108

Hoe zegt u? blz. 114

Register blz. 115

Fotoverantwoording blz. 119

Colofon blz. 119

Herinner je je deze nog? blz. 128

Het belangrijkste eerst

> **Wandelaars ...**
> ... kom je naar de Côte d'Azur, verheug je dan! De Calanques is een wandelparadijs met de status van een nationaal park, de bossen in het achterland geven bij grote hitte schaduw, en alleen al in het departement Var is het kustwandelpad 200 km lang!

Marktgeluk

Vis, fruit, groenten – alles even vers, of het nu op de mooie weekmarkt van St-Tropez is of op de als een voetbalveld zo grote markt in de oude stad van Nice. Mijn lievelingsmarkt is die van Antibes: in de hal aan de Cours Masséna krijg ik het gevoel in de buik van de Côte d'Azur te zijn beland.

Vlucht de bergen in

Mijn favoriete dorp van de *villages perchés*, de op rotskammen torenende dorpen in het steile achterland van de Rivièra, is Peille. Vanwege de smalle, autovrije straatjes, het prachtige wandelpad naar het buurdorp Peillon en de Auberge de la Madone (▶ blz. 107).

Gratis en voor niets

Cannes legt het er dik bovenop, ook de lak waarmee de stoelen op de boulevard voor de zomer worden geprepareerd. Kijk gewoon waar er een vrij is, zoek een plaatsje in de schaduw, misschien in de buurt van een kiosk waar je een krantje kunt kopen. En daar zit je dan met *vue sur mer* en – let op, nu komt het – helemaal voor niets. De stoelen zijn eigendom van de stad die voor het gebruik ervan geen cent vraagt.

Parlez-vous provençal?

'Qué pastis!' Het is me wat! – klinkt het in het café of waar men anders in het Provençaals zijn verbazing wil uiten. Met *dormiasse* wordt een langslaper aangeduid, met *ensuqué* iemand die langzaam denkt, met *fada* elke willekeurige gek. *Cagnard* is de zon, *pescadou* de visser. Een paar woorden Provençaals zijn uit het dagelijks leven niet weg te denken.

Het belangrijkste eerst

Bosbranden
Het Massif des Maures wordt bijzonder vaak door bosbranden getroffen, maar ook de Calanques, zoals in de nazomer van 2016. Ook is men in St-Tropez de rampzalige zomer van 2003 nog niet vergeten, toen roetzwarte wolken boven de haven hingen en toeristen op de kade op hun gepakte koffers zaten.

Mijn laatste vondst ...
... heet *Oeil de Sainte Lucie* ('Oog van de heilige Lucia'). Dit koraalrode, gladde stuk parelmoer in de vorm van een oog heb ik in de calanques bij Cassis gevonden. Het behoort aan een zeeslakkensoort die ermee zijn schelp afsluit. Aan de Côte d'Azur zou het geluk brengen. Waar de naam vandaan komt? De weldoende christen Lucia kwam in 304 n.Chr. als martelares op Sicilië aan haar eind – niet zonder zich eerst de ogen uit te rukken.

Pétanque (jeu de boules)
Dit spel werd in 1907 bedacht. Een regel luidt: *les pieds tanqués*, met de voeten naast elkaar werpen, wat verbasterd werd tot *pétanque*. Meer daarover in het Musée Ciotaden (▶ blz. 21). Of wat denk je van een potje op het Boulodrome in de Traverse des Pieds Tanqués ('s zomers 14-20, 's winters 14-19.30 uur)?

Mijn tip voor de beste bouillabaisse
'Les Tamaris – Chez Raymond', een legende, als het om bouillabaisse gaat. Om nog maar te zwijgen over de ligging aan het zandstrand van St-Clair (Plage de St-Clair, Le Lavandou, tel. 04 94 71 02 70, op di., behalve half juni-half sept. 's avonds gesloten, half nov.-half mrt. vakantie, bouillabaisse € 70).

Mijn groene vingers zijn eerder bruin – getuige de planten op mijn balkon. Misschien kom ik daarom zo graag in de tuinen en parken van de Côte d'Azur. Favoriet blijft het Domaine du Rayol – welk park heeft er nu zijn eigen strand?

Vragen? Ideeën?
Laat het me weten! Mijn adres bij de ANWB:

 anwbmedia@anwb.nl

Dit is de Côte d'Azur

Tussen Cassis en Toulon bepalen steile kliffen en door wijngaarden omringde havenstadjes de kust. Jeu de boules en siësta geven het ritme aan van de dag. Het westelijke deel van onze reisbestemming heet Côte de Provence. Kleine badplaatsjes zetten de toon tussen Hyères en de Estérel-kust. In de schaduw van het Massif des Maures en het Estérelmassief blijkt de Côte d'Azur in het westen nog goeddeels resistent te zijn tegen het snobismevirus. Helemaal zonder jetset en showbusiness gaat het natuurlijk niet. Neem St-Tropez: eigenlijk gewoon een vissersdorp, maar een waar de viplijsten bijzonder lang zijn. Vlak voor Cannes begint de Rivièra. Vrijwel gelijk met de grenzen van het departement Var en Alpes-Maritimes verandert de kust van karakter: zandstranden zo ver de badhanddoeken reiken. Nice vormt met zijn smalle straatjes en elegante promenade de opmaat voor het Italiaans aandoende oostelijke deel van de Rivièra. Monaco zet in op de glamour van zijn vorstendom – en de vele schatrijken die in de woontorens van Monte Carlo hun belastingparadijs hebben gevonden. Menton schijnt te zijn overgenomen door Italiaanse toeristen die in de architectuur van de strandhotels, de citroengaarden en de Ligurisch aandoende oude stad hun 'ware' Rivièra zoeken.

Geïmporteerde exotica

De bananenplant komt uit Ethiopië, de agave uit Zuid-Amerika, de eucalyptus en de mimosa uit Australië. Van de tussen Cassis en Menton voorkomende palmensoorten stammen enkele uit het zuidoosten en de westkust van Noord-Amerika en andere van de Canarische Eilanden. Bougainville werd uit Zuid-Amerika en Noord-Afrika geïmporteerd. De vijgcactus is door Napoleon III van zijn avontuur in Mexico meegenomen. Alle gedijen aan de Côte d'Azur geweldig goed en veranderen de kust in een tropisch aandoend paradijs.

Hotelpaleizen

'Palace' worden de hotellegenden genoemd, met klinkende namen als 'Martinez' of 'Négresco'. Luxe met kroonluchters, topdesign, zware fauteuils en de glimmende knopen aan de uniformen van het hotelpersoneel – dat kost allemaal nogal wat. Daar malen de kapitaalkrachtige gasten als filmsterren en society-grootheden niet om. Voor ons, normale mensen, blijft het naseizoen over met goedkope arrangementen. Of de hotelbar, waar de drankjes schandalig duur zijn, maar vanwege 'location & people' elke cent waard.

Kunst aan de Côte

Het licht gaf de doorslag: het eindeloze blauw trok sinds het eind van de 19e eeuw de artistieke avant-garde van Europa naar de Côte. Wie de explosie van mediterrane kleuren eenmaal op het witte doek had gezet, kwam steeds terug – Cocteau, Dufy, Matisse, Manet, Yves Klein en natuurlijk Picasso. De Côte gold tot in de jaren 60 als net zo jong en

Dit is de Côte d'Azur

Onder de parasols op het strand – waar in het hoogseizoen nauwelijks nog een plaats vrij is. Op de tweede rij misschien nog wel ...

onverschrokken als de elkaar aflossende kunststromingen van impressionisme tot vrije figuratie. Kunsttrends worden tegenwoordig ergens anders gecreëerd, maar de Côte bleef de reusachtige nalatenschap van al die kunstenaars die hun verbondenheid met de Franse Rivièra door schenkingen en stichtingen tot uitdrukking hebben gebracht – dat alles maakt dit 'museumlandschap' tot iets heel bijzonders.

Middellandse Zee

Er wordt veel gedaan aan de bescherming van het ecosysteem. Zo staat de tandbaars onder bescherming – de voor de Middellandse Zee kenmerkende vis dreigde wegens overbevissing uit te sterven. In de rotsspleten verschuilen zich de zogenaamde *poissons de roche,* zeebarbelen en schorpioenvissen. Zeeanemonen, murenen, congeralen, inktvissen en kwallen bevolken het onderzeese rotsgebied. In de wiegende zeegrasvelden leven bonte lipvissen, zaagbaarsen en gestreepte bokvissen. Zeesterren en langoesten leven alleen, heken, tonijnen en leervissen in grote scholen. De grootste bedreiging vormt een alg, de uit de tropen naar het Middellandse Zeegebied overgebrachte Caulerpa taxifolia verstikt de zeegrasweiden. Deze 'killeralg' is gelukkig alweer zo sterk op zijn retour dat voorlopig het gevaar geweken lijkt.

Mistral

De noordenwind veegt de hemel felblauw – dat is het goede ervan. In de winter en het voorjaar blaast hij echter de terrassen leeg – dat is de keerzijde. Surfers en zeilers houden ervan. Als de mistral met tot 200 km/u snelle windstoten over de Côte d'Azur raast, halen zij hun plank tevoorschijn.

De Côte d'Azur in cijfers

1
van de zes in Frankrijk geplaatste kopieën van het New Yorkse Vrijheidsbeeld staat in St-Cyr-sur-Mer.

2
is de plaats van het Aéroport Nice Côte d'Azur in de ranking van Franse luchthavens.

3
nationale parken liggen in deze regio: Calanques, Port-Cros, Mercantour.

4
jaar duurt de opleiding tot 'oreille d'or' (gouden oor) in Toulon, waarna je de geluiden van onderzeeërs, ijsbergen en walvissen kunt onderscheiden.

5
soorten Middellandse Zeevissen horen in de bouillabaisse.

24,8
graden Celsius is het Franse record voor de gemiddelde temperatuur in juli – gemeten in Menton.

30
procent van alle inwoners van Menton is gepensioneerd.

40
procent van alle inwoners van Nice is onder de 40.

100
jaar oud kan de in het Massif des Maures voorkomende Griekse landschildpad worden.

150
kilo weegt het officiële plakkaat voor het filmfestival van Cannes.

221,4
kilometer bedraagt de afstand Cassis-Menton, als je de snelweg neemt.

900
hectare groot is het kastanjebos in het Massif des Maures.

1512
euro per dag betaal je in St-Tropez aan havengeld voor een jacht van meer dan 50 m.

2640
uur schijnt de zon gemiddeld per jaar in Nice.

8000
flessen wijn per jaar produceren de monniken op het Île Saint-Honorat.

450.000
liter water bevat de haaienlagune, een van de 90 bassins in het Musée Océanographique van Monaco.

2.095.000
mensen wonen in de departementen Var en Alpes-Maritimes.

1800
meter hoog zijn de hoogste bergen in het achterland.

Eten en drinken

De tafel in Zuid-Frankrijk is rijk gedekt en toch zijn de gerechten licht en gezond: olijfolie, vis en zeevruchten zijn de belangrijkste bestanddelen van de keuken van de Côte-d'Azur – geen zware kost dus.
Regionale visspecialiteiten zijn gegrilde dorade, *loup au fenouil* (zeewolf met venkel) of *supions*, kleine, door bloem gerolde gefrituurde inktvis. *Petites fritures*, kleine visjes, worden in hun geheel gefrituurd.

Lichte zomerkost
Vegetariër, verheug je op ratatouille, courgettebloembeignets *(beignets de fleur de courgettes)*, *petits légumes farcies* (gevulde groenten), *anchoiade* (rauwe groenten die je in een saus van ansjovis, kappers en olijfolie of in aioli dipt) of *tapenades* (olijvenpasta die je op een toastje smeert). Ook de *soupe au pistou*, een groentesoep met basilicum en knoflook, is echt heerlijk voor de zomer.

Lekkere importgerechten
Pizza, pasta, gnocchi en de kekererwtenpannenkoek socca zijn meegebracht door Italiaanse immigranten, couscous en tajine kwamen mee met de uit Noord-Afrika afkomstige gemeenschap. Aan *pieds et paquets* uit de Provence zul je even moeten wennen: lamspoten en -ingewanden in een saus van witte wijn in tomatensaus, op smaak gebracht met Provençaalse kruiden. Goed bereid smaken ze heerlijk. Net als *caillettes*, vleesballetjes met veel snijbiet.

Waar eet ik wat en wanneer?
Café of bar betekent zoveel als kroeg. Voor de tussendoortrek kun je er een broodje, een pizza of een pissaladière, een salade, krijgen. Voor *petits fours* of taart ga je naar een salon de thé. Restaurants hebben vaste tijden voor lunch en diner (waarbij het in de zomer best laat kan worden). En er gelden vaste regels: of je kiest een menu of je eet à la carte, wat duurder is. In een brasserie gaat het anders: daar volgt men het concept 'de keuken is altijd open', ook als het laat is. Onder bistro verstond men vroeger een eenvoudig restaurant, waar je ongecompliceerd en snel iets kon eten. Dit begrip heeft een enorme verandering ondergaan. Haute cuisine, hoge prijzen en bistro zijn tegenwoordig niet langer onverenigbaar. Gebleven is de minder formele sfeer, in tegenstelling tot die in restaurants.

Proost!
Smaakt altijd en altijd beter: de rosé, waarvan de kwaliteit enorm is toegenomen en de kleur sterk is

---

FORMULE

Klinkt als scheikunde, maar heeft met formules niets te maken. Met *formule* wordt hier een goedkoop lunchmenu bedoeld dat veel restaurants 's middags op de kaart hebben staan. Het bestaat doorgaans uit een voor- en hoofdgerecht, of een hoofdgerecht en dessert, soms met een glas wijn, soms met een kop koffie tot besluit.

Eten en drinken

*Inktvis, mosselen, zalm en scampi's – deze schaal eten we graag leeg.
Ook al is het een echte kunst, het bereiden van een echte bouillabaisse is zeker de moeite waard!*

afgenomen. Licht en soms nauwelijks van witte wijn te onderscheiden is de moderne, frisse rosé van de AOC Côtes de Provence. En nu we het toch over witte wijn hebben: onder de AOC van de regio valt vooral de bloemige witte wijn uit Cassis op. Rood en krachtig zijn de wijnen van de AOC Bandol, vrijwel alleen in Nice te drinken zijn de wijnen van de AOC Bellet, waarvan de wijnstokken in het stadsgebied groeien.

BOUILLABAISSE

Ingrediënten
- 3 kg *poissons de roche* (kleine vissen uit de Middellandse Zee)
- 3 uien
- 2 preien
- 10 tenen knoflook
- 3 wortelen
- 4 tomaten
- 1 laurierblaadje
- 1 takje tijm
- 1 stengel venkel
- 15 cl olijfolie
- zout
- peper

Bereiding
Pel de uien en snijd ze fijn, snijd de wortelen en prei in plakjes. Verhit de olijfolie en laat de uien en vis even kleur krijgen. Voeg de wortelen en de prei toe. Doe dan 6 gekneusde knoflooktenen, het laurierblad, de tijm en de venkel in de pan. Blancheer en pel de tomaten, snijd ze in vieren en doe ze in de pan. Voeg 2 l water, zout en peper toe en laat een halfuur zachtjes koken. Doe de 4 resterende, ongepelde knoflooktenen erbij. Maak ten slotte alles goed fijn in de blender.

Je kompas van de Côte-d'Azur

#2
Op grote hoogte – **de Route des Crêtes**

#3
Provence in het klein – **omgeving van La Cadière-d'Azur**

Wandelen in de **wind**

TOUT PETIT, TOUT BEAU

#1
Nationaal park in het 9e arrondissement – **de Calanques**

PAS OP: KLIFFEN!

WAAR BEGIN IK?

Tropentheater

#15
Serres – **de tuinen van Menton**

A streetcar named **NICE**

#14
Volgende halte: kunst – **tramlijn 1**

Kunst moet je kunnen

NISSA BELLISSIMA

#13
Met een scheutje Dolce Vita – **oude stad van Nice**

#12
Meesterwerken met zeezicht – **Musée Picasso in Antibes**

15 manieren om je onder te dompelen in de streek

De kust van de Provence

Helemaal in het westen is de Côte d'Azur anders: markten behoren hier tot het geluk van alledag, of het nu in de haven van Sanary is of in Toulon, waar de 'marché provençal' de oude stad verandert in een verleidelijk geurend, kleurig tentendorp. Op de dorpspleinen wordt jeu de boules – pardon: pétanque – gespeeld. De rosé glinstert in het glas. 's Middags gaan de rolluiken van de winkels omlaag. Dan volgt 'la sieste'. Iets vergeten? O ja: bij het wakker worden ga je naar het strand.

De kust van de Provence ▶ Cassis

Cassis B/C 6

De ligging van Cassis is niet te overtreffen: in het oosten stort zich de Cap Canaille van 362 m hoogte in het 'grand bleu' van de Middellandse Zee, in het westen flankeert de Cap de la Gardiole de baai. Op een steenworp afstand lokken de Calanques (▶ blz. 18) en de Route des Crêtes (▶ blz. 22). Het is nauwelijks verbazingwekkend dat Cassis (7600 inw.) 's zomers wel 35.000 bezoekers trekt, dat in het weekend tout Marseille zich op de kaden en terrassen vermaakt, dat het toenemend aantal chique winkels, restaurants en coole B&B's Cassis tot een trendy plaats maakt. Het havenstadje biedt bovendien een droge, naar mirte en rozemarijn geurende witte wijn met AOP en cultusstatus. Proost!

Door de straatjes slenteren

In de oude stad volgen de straatjes nog het schaakbordpatroon uit de 17e/18e eeuw. Het **Hôtel de Ville** (stadhuis) met zijn voorname gevel van een vierhonderd jaar oud adellijk paleis en een met kinderhoofdjes bestraat voorplein, en het **Musée Municipal Méditerranéen d'Arts et Traditions Populaires**, een volkenkundig museum met opgravingsvondsten, zoals Romeinse amforen, en schilderijen (juni-sept. wo.-za. 10.30-12.30, 14.30-10, anders 10.30-12.30, 14-17.30 uur), maken de **Place Baragnon** tot het hart van Cassis. Op het plein klatert een fontein, en dat al sinds 1892. Een tweede fontein, de **Fontaine des Quatre Nations**, ligt iets verderop, op de Place de la République.

Langs de kust wandelen

Het met een St-Pierre-beeld versierde **Tribunal de Pêche** aan de Quai Barhélemy is een populaire plaats om foto's te maken. Eromheen rijgen de terrassen zich aaneen. De ver in zee stekende **Promenade Aristide-Briand** scheidt de haven van het **Plage de la Grande Mer** (zandstrand). Boven het Plage de la Grande Mer leidt de **Promenade des Lombards** naar de Pointe des Lombards en de beide strandbaaien van **Corton** (kiezel) en **Arène** (rots). Op het voetpad (een halfuur lopen) passeer je een trap die naar de imposante ruïne van het château (kasteel) voert. Het complex is, met inbegrip van een 5800 ha groot terrein, particulier eigendom. Alleen gasten die voor veel geld een luxesuite huren, hebben toegang (www.chateaudecassis.com, 2 pk € 290-690).

🏠 Rivièra-art-déco
Astoria Villa

Alles klopt: de coole uitstraling van een villa in Rivièradesign uit de jaren 30, het zwembad, het uitzicht op zee. De rest is luxe, veel groen en stilte. En kamerprijzen die alleen door de populariteit van Cassis kunnen worden verklaard.

15, Traverse du Soleil, tel. 04 42 62 16 60, www.astoriacassis.com. 2 pk/ontbijt vanaf € 140

🏠 Hideaway in de oude stad
Le Clos des Arômes

Alleen de tuin en het terras onder de platanen zouden al genoeg zijn om een kamer te nemen in dit hotel aan de rand van de oude stad. Ook de in Provençaalse

'Qua'a vist Paris e nous Cassis a ren visit' (Wie Parijs heeft gezien en Cassis niet, heeft niets gezien) schreef de Provence-dichter en Nobelprijswinnaar Frédéric Mistral (1830-1914). Welnu, met de oude stad is men in Cassis snel klaar. Daarom nog een bonmot van de schrijver: 'Zoeter dan honing' zou de wijn uit Cassis smaken. Hij brengt iedereen het hoofd op hol.

De kust van de Provence ▶ Cassis

stijl en vrolijke kleuren ingerichte kamers zijn reden genoeg om langer te blijven. Sommige zijn echter wat klein.

10, rue Abbé Paul-Mouton, tel. 04 42 01 71 84, www.leclosdesaromes.fr, jan.-febr. gesloten 2 pk vanaf € 75, Traverse du Soleil, tel. 04 42 62 16 60, www.astoriacassis.com. 2 pk/ontbijt € 140

🍴 Onverwoestbaar en goed
Nino

Heel Marseille zit al drie eeuwen lang bij Nino op het terras om mulsalade, bouillabaisse en kreeftravioli te eten. De kwaliteit klopt, de bediening loopt als een trein – wij komen terug.

1, quai Barthélemy, tel. 04 42 01 74 32, www.nino-cassis.com, zo-avond en ma. gesloten, menu € 35

🍴 Ontspannen familiebedrijf
La Poissonnerie

Achter de voormalige viswinkel, die in 1880 werd opgericht en nu een goedlopend restaurant is, staat de familie Laurent. Ze weten een goede vissoep en dorade van de grill te maken.

6, quai Barthélemy, tel. 04 42 01 71 56, do-middag en ma. gesloten, 's winters alleen 's middags geopend, menu vanaf € 20

🛍 Winkelen
Marché

Tweemaal per week staat Cassis op zijn kop: de weekmarkt neemt van 8-13.30 uur Place Baragnon, Rue Gervais, Place Clémenceau en Rue de l'Arène in beslag. Veertig kramen, dus veertig verleidingen, van geitenkaas tot fruit, brood en bloemen.

Weekmarkt vr.-ochtend, juli/aug. ook wo.-avond

✷ Nostalgie reloaded
Bar de la Marine

De legendarische eigenaresse Yvette heeft het tijdelijke allang voor het eeuwige verruild, en aan ex-eigenaar Jean Dopder, die als rugbyspeler voor Marseille in 1949 het kampioenschap heeft binnengehaald, herinneren alleen nog affiches aan de muur. Verder bruist het hier echter als op de eerste dag.

5, quai des Baux, juli-aug. 7-2, naseizoen dag. 7-22, in de winter di. gesloten

Het leven in Cassis is vrolijk. Nog vrolijker zijn de huizen gekleurd.

⟳ Wandelen
Zie hoofdstuk 1, blz. 18, en 2, blz. 22.

⟳ Duiken
Cassis Calanques Plongée

De duiktochten voeren naar de wateren rond de eilanden tussen Marseille en Cassis en voor de Calanques-kust. Cursusdeelnemers kunnen overnachten in de appartementen (2-7 pers.) van de Villa Rocaille.

3, rue Michel Arnaud, tel. (mobiel) 06 71 52 60 20, www.cassis-calanques-plongee.com

⟳ Boottochten
Les Bateliers Cassidains

Uitstapjes naar de Calanques, 45 min. tot 2 uur. Tip: laat je op een Calanque afzetten om te gaan zwemmen (Calanque d'En Vau!), en wandel over het kustwandelpad terug naar Cassis.

Quai St-Pierre, tel. (mobiel) 06 86 55 86 70, www.cassis-calanques.com

---

WIJN PROEVEN

Chai Cassidain

De AOC Cassis telt dertien wijngoederen. In de Chai Cassidain heeft Pascale Garbit de wijnen van al die bedrijven op voorraad. Je kunt er ook iets eten – Corsicaanse worst en pizza bijvoorbeeld.

6, rue Séverin Icard, Cassis, tel. 04 42 01 99 80, www.le-chai-cassidain.com, dag. 9.30-13, 15-22 uur

Nationaal park in het 9e arrondissement – de Calanques

In het westen kan de Côte d'Azur ook wild zijn. Ruim 400 m rijzen tussen Marseille en Cassis de kalkrotsen van de Calanques op. De in de laatste ijstijd ontstane, bijna 2 km diepe baaien verrafelen een 28 km lang kalkmassief. Geen huis, geen telefoonmast verstoort het beeld van naakte rotsen en de deels begroeide kloofdalen. Sinds 2012 zijn de Calanques Nationaal park.

Over het met rood-witte dubbele balken gemarkeerde langeafstandspad GR 98 gaat het slingerend van de ene calanque naar de volgende, soms hoog boven de steile rotswanden, dan weer langs het strand, van de stadsrand van Marseille tot het havenstadje Cassis. Neem voor de 23 km lange wandeling (8-9 uur) water, eten, hoofdbedekking en een mobiele telefoon mee. Op pad!

Wandelaars die naar de Calanques gaan, moeten hun zwemspullen niet vergeten.

Eerst naar het strand

Van **Callelongue** 1 gaat het over een breed rolstenenpad naar de **Calanque de Marseilleveyre** 2. Bleke, kale rotsen omgeven het strand. De omgeving, met strandbar en door de mistral geteisterde bougainville, doet aan Griekenland denken. In de **Calanque de Sormiou** 3 ligt het zandstrand in de schaduw van pijnbomen. Met elke kilometer wordt het pad mooier. Uit rotsspleten groeien lisse, mirte, rozemarijn, hulsteik en laurier. Met wat geluk cirkelt er een havikarend boven je hoofd.

Duiksensatie

In de door de Cap Morgiou afgeschermde **Calanque de Morgiou** 4 staan eenvoudige vissershutten. Voor je de baai bereikt, voert een zijweggetje naar de punt van de kaap. Aan zijn voet ligt de alleen per boot bereikbare **Calanque de la Triperie** 5. Vanuit deze diepte sloeg in 1991 het nieuws van een nieuw ontdekte grot in als een bom. De slechts voor duikers toegankelijke, 37 m onder de zeespiegel gelegen grot is met rotstekeningen uit

ETEN EN DRINKEN

Uitstekende kotelet met spaghetti eet je bij **Chez le Belge** 1 (Calanque de Marseilleveyre, geen tel., in de zomer dag., rest van het jaar za., zo., à la carte € 20). **Le Château** 2 lokt met een mooi terras en een goede viskeuken (Calanque de Sormiou, tel. 04 91 25 08 69, www.lechateau sormiou.fr, apr.-sept. dag., à la carte € 30-40). Bij beide alleen contant betalen!

De Calanques #1

de oude steentijd gesierd die met die van Lascaux zouden kunnen wedijveren.

Wild, dramatisch, verwaaid

Verder in de richting van Cassis volgen de **Calanque de Sugiton** 6, waar je vanaf het strand op een eilandje en verweerde kliffen uitkijkt, en de **Calanque du Devenson** 7, waar de kliffen meer dan 300 m hoog oprijzen. Het wordt nog dramatischer. Rotsnaalden omgeven de **Calanque d'En-Vau** 8, voor velen de mooiste baai tussen Marseille en Cassis. Glashelder blauwgroen water klotst tegen het strand. In het hoogseizoen en in de weekends is elke vierkante meter hier bezet, want excursieboten uit Cassis en Marseille droppen met regelmaat badgasten in de baai. Het met dennen omzoomde zandstrand van de naburige **Calanque de Port-Pin** 9 vergaat het net zo.

Nationaal park in de stad

De **Calanque de Port-Miou** 10 was honderd jaar geleden een steengroeve. Deze langste calanque ligt slechts een halfuur lopen van Cassis en telt na verschillende bosbranden meer scheepsmasten dan bomen. Wat bosbranden betreft: van juni tot september kan het pad wegens brandgevaar zijn afgesloten. Auto's mogen alleen met speciale vergunning de Calanques in – in 2012 werden de baaien tot nationaal park uitgeroepen, het enige in stedelijk gebied in Frankrijk.

INFO EN OPENINGSTIJDEN
Internet: www.ot-cassis.com, www.calanques-parcnational.fr.
Reis erheen
Bus: Marseille: buslijn 19 vanaf metrostation Rondpoint du Prado tot La Madrague de Montredon. Verder met buslijn 20 naar de Callanque de Callelongue.
Boot: Marseille, www.vistite-des-calanques.com, www.croisieres-marseille-calanques.com. Cassis, www.lavisitedescalanques.com, www.calanquesdecassis.com.
Wandelkaart: IGN-kaart Nr. 3145 ET Marseille-Les Calanques, 1:25.000.

Uitneembare kaart: A/B 6

De kust van de Provence ▶ La Ciotat

🌊 Zwemmen en zonnen

Behalve de lokale stranden en die richting het oosten trekt in het westen het **Plage du Bestouan**, een sikkelvormige baai met zand en kiezels. **Les Roches Plates** (bereikbaar via de Avenue Garcin) liggen nog verder naar het westen. De gladde rotsen zijn heerlijk om op te zonnen. Ertussen ligt ook nog het **Plage bleue**.

ℹ️ Info en evenementen

Office de Tourisme: Quai des Moulins, 13260 Cassis, tel. 08 92 39 01 03, www.ot-cassis.com.
Station: 3 km buiten de plaats (pendelbus vanuit het centrum). ma.-za. tot 25 treinen per dag naar Marseille.
Printemps du Livre: literatuurfestival met lezingen, Open-Air-Jazz, films. Eind apr.-begin mei in de Fondation Camargo en op andere plaatsen, www.printempsdulivre.fr.
Fête de St-Pierre: vissersfeest met zegening van de boten en een processie met het beeld van Petrus. Sardines van de grill met witte wijn uit Cassis. Laatste weekend van juni.
Fête du Vin: wijnfeest om de nieuwe oogst te vieren. Wijnboerenbanket in het park (reserveren!). Place Baragnon, op een zo. half mei, info bij het Office de Tourisme.

IN DE OMGEVING

Huurlingen, santons, schrijvers

In **Aubagne** (📖 C 6, 15 km noordelijk, www.tourisme-paysdaubagne.fr) rekruteert het vreemdelingenlegioen sinds 1962 nieuwe soldaten. Het **Musée du Souvenir de la Légion Etrangère** schetst de geschiedenis (Quartier Viénot, Rte. de la Thuillère, www.samle.legion-etrangere.com, juni-sept. dag. 10-12, 15-19, anders alleen wo., za., zo. 10-12, 14-18 uur, gratis). Dit mooie stadje staat ook bekend om zijn santons en terracotta bakken die nog met de hand worden gemaakt. In talloze werkplaatsen kun je zien hoe dat gaat en de producten ter plaatse kopen. In Aubagne kwam bovendien Marcel Pagnol *(Le château de ma mère)* ter wereld. Het geboortehuis van de schrijver is nu een **museum** (16, Cours Barthélemy, tel. 04 42 03 49 98, di.-zo. 9-12.30, 14.30-17.30, in de zomer ook ma. en tot 18 uur, € 4). Pagnols graf vind je in het gehucht La Treille.

Heilig uitzicht

De **Sainte-Baume** (📖 D 5, 30 km noordelijk) is de Heilige Berg van de Provence. Mooie beklimming (6,5 km, 350 m omhoog) vanaf de hotels op de noordflank (bereikbaar via Plan d'Aups). Het doel is de St-Pilon-kapel op 994 m hoogte. Vanaf de oriëntatietafel omvat het panorama de heuvel van Ste-Victoire, de uitlopers van de zuidelijke Alpen, de baai van La Ciotat en Bandol (www.la-provence-verte.net/decouvrir/top10-sainte-baume.php).

La Ciotat 📖 C 6/7

Caféterrassen en mooie stadshuizen die getuigen van de rijkdom van de reders in de 17e eeuw domineren het havenfront. Met de scheepsbouw, waarvan La Ciotat (34.000 inw.) eeuwenlang leefde, is het gedaan sinds de werven halverwege de jaren 80 zijn gesloten. Het sfeervolle decor van kranen, kaden en palmen is overgebleven. La Ciotat heeft zich aangepast. Waar vroeger vistrawlers van stapel liepen, worden nu luxejachten gerepareerd. Op de 43 ha van het voormalige werfterrein zijn hotels, scholen en woningen gebouwd. De plaats doet echter nog altijd verfrissend normaal aan, de oude stad zelfs iets rommelig, want de tijd volgt hier het trage ritme van de Provence.

Door de haven slenteren

In het westen verrijzen de kranen van de werven voor de reusachtige rotsformatie **Bec de l'Aigle**. Voor het steeds verder gesaneerde havenfront doen zich de

De kust van de Provence ▶ La Ciotat

klassieke taferelen van het zuiden voor, gekenmerkt door jeu-de-boulespelers, platanen en terrassen. In de huizenrij van de Quai Ganteaume vallen het barokke portaal van de parochiekerk **Notre-Dame-du-Port** en een paar passen verderop het oude **stadhuis** met zijn smeedijzeren klokkentoren op. Binnen illustreert het **Musée Ciotaden** de stadsgeschiedenis, van de prehistorie tot de gebroeders Lumière (1, quai Ganteaume, juli/aug. wo.-ma. 16-19 uur, sept.-juni 15-18 uur, € 3,50, www.museeciotaden.org). In de oude stad, die achter de kaden licht omhoog loopt, vallen de vele mooie portalen uit de late renaissance en de barok op – bijvoorbeeld bij het paleis in de **Rue Adolphe Abeille 18**, dat vroeger eigendom was van de vorsten van Monaco, of in de **Rue Piroldi 1**, waar op de hoek het stenen hoofd van een indiaan met verentooi in het oog springt.

Over de boulevard flaneren
De 6 km lange stranden met verkeersvrije promenade in het stadsdeel Clos-des-Plages nodigen uit tot een wandeling. De belangrijkste attractie is de inktblauwe Middellandse Zee. Er is echter nog veel meer te zien. Direct naast de barokke **Chapelle des Pénitents Blues** aan de Boulevard Anatole France (tegenwoordig expositieruimte en concertzaal, okt.-apr. di.-zo. 14-18, anders 15-19 uur) staat sinds 1895 de oudste bioscoop van Frankrijk, de **Eden** (25, boulevard Clémenceau, www.edencinemalaciotat.com, bezichtiging di., wo., za. 14-15.30 uur, € 3, daarbuiten een normale bioscoop), die na renovatie in een nieuwe okergele kleur straalt.

De calanques verkennen
Ten zuidwesten van de werven voert de Avenue des Calanques naar de **Anse du Grand-Mugel**. Voorbij het kiezelstrand van de door rode rotsen omgeven baai nodigt de tuin **Le Parc du Muguel**, inclusief bamboetuin, rosarium en oranjerie, uit tot een eerste pauze (apr.-sept. 10-20, anders 9-18 uur). De volgende baai heet **Anse du Sec**. Dan volgt de **Calanque de Figuerolles**, waar zich een zelfbenoemde, door Russische emigranten in 1956 gestichte 'onafhankelijke republiek' heeft gevestigd (www.figuerolles.com). Hun nakomelingen hebben een restaurant en verhuren bungalows met uitzicht op de door kloven doorsneden, met pijnbomen overdekte heuvel van de **Cap de l'Aigle**. Wie toch nog verder wil: van de **visserskapel Notre-Dame-de-la-Garde** (binnen ex voto's!) kun je in ongeveer een uur over de kliffen naar de semafoor langs de Route des Crêtes (▶ blz. 22) wandelen.

La Ciotat noemt zichzelf trots de bakermat van de bioscoop. Het eerste werk van de filmpioniers de gebroeders Lumière, en daarmee de eerste film ooit, heette niet voor niets *Aankomst van een trein op het station van La Ciotat* (1895).

🏠 Vive la République!
République Indépendante de Figuerolles
Ongedwongen sfeer in een soort Club Med voor drop-outs, met leuke kamers en mooie huisjes. Het geheel is fraai gelegen aan een door rode rotsen omgeven baai.
Calanque de Figuerolles, tel. 04 42 08 41 71, www.figuerolles.com, restaurant dag. half mrt.-half okt., menu rond € 40, 2 pk vanaf € 37, huisje vanaf € 92, appartement (35 m²) € 135

🏠 Smart & clean
Hôtel du Vieux Port
Ruime kamers met balkon, zwembad en jacuzzi op het dak en een grandioos uitzicht op zee: het nieuwste van de hotels van La Ciotat is ook meteen het beste.
252, quai Francois Mitterrand, tel. 04 42 04 00 00, www.bestwestern-laciotat.com, 2 pk vanaf € 99

Op grote hoogte – **de Route des Crêtes**

Mistral en zeewind teisteren de hoogteweg tussen Cassis en La Ciotat. Het begint echter nog vriendelijk. Eerst voert de weg door zacht glooiende wijngaarden, dan volgt een surreëel aandoend maanlandschap. De eigenlijke attractie zijn natuurlijk de hoogste kliffen van Frankrijk – waaroverheen een adembenemend wandelpad loopt.

De Route des Crêtes (D 41a) buigt kort voorbij Cassis van de D 559 af richting La Ciotat. Langzaam klimt de weg tussen de wijnstokken van de AOC Cassis omhoog. Al snel echter gaat het in haarspeldbochten steil bergop. Bij de **Cap Canaille** 1 heeft de Route des Crêtes een hoogte bereikt van 362 m. Last van hoogtevrees? Pas dan op! Van het uitzichtpunt bij de parkeerhaven kijk je omlaag in het bodemloze blauw van de Middellandse Zee. In het westen zie je de eilanden Riou, Calseraigne en Jarre. Op voldoende afstand van de asfaltweg loopt een wandelpad (Cassis–La Ciotat 11 km) langs de kust. Het gaat door geurige mirtestruiken, glanzend baou-gras, rozemarijn, wilde venkel en betoverend bloeiende cistusrozen, steeds vlak langs de steile kust.

Een weg genaamd Verlangen: de Route des Crêtes.

Het 'hoogtepunt'

Na een paar kilometer heeft het pad de **Soubeyran-kliffen** 2 (Falaises du Soubeyran) bereikt. Een plaquette van het Institut géographique national markeert hier de Grande Tête, met 399 meter de hoogste klif van de gehele Côte d'Azur – ach wat, van heel Frankrijk! Over kleine paadjes kun je nog dichter bij de rotsrand komen – geen goed idee als het hard waait! Het pad zelf is ook niet zonder uitdagingen. Steeds weer daalt het af in een diepe rotsbres, waaruit je je aan de andere kant weer omhoog moet werken. De klimpartij wordt door losse stenen op de grond bemoeilijkt. En hier zijn rotsen nog rotsen. Op het aan de Côte d'Azur zeldzame zandsteen van de Cap Canaille volgt *poudingue*, verweerd bont zandsteen met inge-

Route des Crêtes #2

sloten, vuistgrote kiezels, en dan weer botbleek kalksteen.

Verdwijnpunt vuurtoren

Na ruim de helft van de route loopt het wandelpad richting een lichtbaken. Voor wie met de auto is gekomen: een zijweg buigt van de D 41a naar de op 328 m hoogte gelegen **sémaphore** 3 . Dit lichtbaken wordt door de Franse marine beheerd – toegang is verboden. Het uitzicht is alomvattend en gaat over de kale rotsen, die eruitzien als afgekloven botten in XXL-formaat. In de verte verheft zich de walvisbult van het bijna 1200 m hoge Massif de la Sainte Baume. In het oosten tekenen zich de witte werfgebouwen van La Ciotat af tegen de diepblauwe zee. Naar het westen kijk je uit op de Calanques.

Wie Latijn heeft geleerd, komt hier aan zijn trekken. Waar komt de naam Cap Canaille vandaan? Van Canalis mons, dat is toch duidelijk! De Romeinen hebben hier diverse kanalen aangelegd om het water van de kaap naar Cassis omlaag te leiden.

Vanaf hier bergaf

La Ciotat 4 komt naderbij. Enkele hellingen zijn begroeid met aleppodennen, die door het nationale bosbeheer ONF na verwoestende bosbranden opnieuw zijn aangeplant. Bomen en macchia moeten echter spoedig plaatsmaken voor asfalt: je hebt La Ciotat bereikt.

INFO EN OPENINGSTIJDEN

Info: Office de Tourisme Cassis
▶ blz. 20 (bij bosbrandgevaar en sterke windstoten is de Route des Crêtes gesloten!).
Transfer: Buslijn M05 Cassis-La Ciotat enkele malen per dag, duur 35 min, € 2,20, www.lepilote.com.

ETEN EN DRINKEN

Langs de Route des Crêtes is niets te krijgen. Des te welkomer is het terras van **L'Offic'ine** 1 (uitzicht op de haven!). Dit slowfoodrestaurant in een voormalige apotheek lokt met een verse en betaalbare regionale keuken – de *formule* (hoofdgerecht plus dessert) kost € 18 (18, rue des Combattants, tel. 04 52 36 86 25, www.lofficein-restaurant-ciotat.com, ma.-avond, di., wo.-avond, do.-avond gesloten).

Uitneembare kaart: C 6

De kust van de Provence ▶ La Ciotat

🍴 Cool en creatief
L'Offi'cine
Het terras van deze voormalige apotheek kijkt uit op de haven. Aan het fornuis staat een jonge chef, die graag *à la plancha* serveert en de producten uit de regio hooghoudt.

18, rue des Combattants, tel. 04 42 36 86 25, www.lofficein-restaurant-ciotat.com, formule 17, menu vanaf € 24, ma.-, wo.-, do.-middag, vr.- en zo.-middag en -avond geopend

🍴 Net als Robinson
La Calanque de Port d'Alon 'Chez Tonton Ju'
De ligging is hier van groot belang – het strandrestaurant ligt in een ongerepte zandbaai. De boven een houtskoolvuur gegrilde vis smaakt overigens ook heel goed.

Port d'Alon (12 km naar het oosten, richting Bandol), tel. 04 94 26 20 08, dagschotel ca. € 18, menu € 30, apr.-okt.

🍴 Provence op je bord
La Table de Nans
Nans Gaillard is een authentieke Provençaal die van de zee houdt. Hier eet je bouillabaisse, krab met ravioli, groente van de Provence 'rauw en gekookt', en dat allemaal met *vue sur mer*.

126, corniche du Liouquet, Le Liouquet (6 km oostelijk), tel. 04 42 83 11 06, www.latable denans.com, okt.-mrt. wo.-avond, sept.-juni zo.-avond en ma. gesloten, formule € 29 (di.-vr.), menu vanaf € 48

🌊 Wandelen langs het water
Van de badplaats Les Lecques verbindt het ca. 6,5 km lange wandelpad **Sentier des Douaniers** (douaniersspad) de landtongen Pointe Grenier en Pointe du Déffend (doorlopen naar Bandol is mogelijk, dan is het in totaal 10,5 km). Onderweg passeer je de **Calanque d'Alon**, een door pijnbomen beschutte zandbaai met strandrestaurant.

🌊 Zwemmen en zonnen
De lange zandstranden in het stadsdeel **Clos-des-Plages** zijn kindvriendelijk. Intiemer zijn het kiezel-zandstrand in de **Calanque de Figuerolles** in het westen en het door rotsen omringde zandstrand met dennenbos in de **Calanque d'Alon** (12 km oostelijk). In juli-aug. nemen eco-gidsen je mee naar de onderzeese fauna en flora – snorkel, zwemvliezen en bril worden bij de 'waterwandeling' beschikbaar gesteld (www.atelierbleu.fr, tel. 04 42 08 87 67).

🌊 Islandhopping
Tien min. duurt de overtocht naar het onbewoonde L'Île Verte. Een 2 km lange rondweg nodigt uit tot verkenning van dit beboste eilandje. Om te zwemmen moet je wat klimmen. Het uitzicht op de Cap de l'Aigle maakt veel goed.

Veer vanaf de haven, juli/aug. elk halfuur mei-juni, sept. elk uur, retour € 12, www.laciotat-ileverte.com

Niets aan de Côte gaat zonder boot.

De kust van de Provence ▸ Bandol

❶ Info en evenementen
Office de Tourisme: Bd. A. France, 13600 La Ciotat, tel. 04 42 08 61 32, www.laciotat.info.
Festival du Premier Film Francophone: dit kleine filmfestival toont tien lange en tien korte films in de oudste bioscoop ter wereld, de 'Eden'.
Eind mei-begin juni, www.berceau-cinema.com

IN DE OMGEVING

Dorp met stranduitlopers
St-Cyr (C/D 6) doet op het eerste gezicht aan als een Provençaals dorp met zondagsmarkt en wijngaarden rondom. Vrolijk wordt het pas 2 km verder naar het zuidwesten in de stranduitloper **Les Lecques**. Palmen waaien in de wind, de belle-époquekolos van een grand hotel is niet te missen, de lucht ruikt zilt. Aan de weg naar het La-Madraguestrand bewijst het **Musée gallo-romain de Tauroentum** dat het de Romeinen hier al beviel. Het museum werd rond en op de restanten van een antieke villa gebouwd. De vloermozaïeken getuigen van de luxe van het complex (131, route de la Madrague, www.museedetauroentumsaintcyrsurmer.fr, juni-sept. wo.-ma. 15-19, okt.-mei za., zo., feestdagen 14-17 uur, € 5).

Bandol D 7

Sinds 1941 siert een AOP de krachtige rode wijnen uit Bandol. Heuvels, met name de Gros-Cerveauketen, beschermen wijnstokken en haven tegen de mistral. Niet in de laatste plaats door het succes van de wijnbouw geniet deze voormalige handelshaven een welstand die nog altijd is af te lezen aan de verzorgde gevels. In 1846 werd de haven uitgebreid om de lokale wijnen en olijfolie van het achterland te kunnen verschepen. Enkele villa's uit de belle époque achter de promenade laten zien dat Bandol al vroeg als toeristische bestemming werd ontdekt, want in Bandol zijn de zandstranden groot, en de parkeerterreinen navenant. Het aantal zeilboten in de haven nadert armadasterkte.

Over de kade slenteren
Onder de palmen en pijnbomen van de **Quai du Port** flaneren de gasten, terwijl inwoners de jeu-de-boulesballen tegen elkaar laten klikken. Nog voor de Eerste Wereldoorlog voerde de schrijfster Katherine Mansfield de 'happy few' van Bandol aan. Voor haar **Villa Pauline** aan de Quai wandelde in de vroege jaren 30 de revuester Mistinguett met acteur Maurice Chevalier aan de arm. De plaats was een groot succes, al in 1930 verrees aan het oostelijk eind van het havenfrond een casino. Ongeveer in het midden van de promenade staat de parochiekerk **St-François-de-Sales** aan een pleintje, met zijn portaal iets achter de boulevard. Naar het zuidwesten, na de **Allées Vivien**, strekt zich achter de landtong het in de halve cirkel van een baai gelegen **Plage de Renécros** uit. Aan het mooiste strand van Bandol bezat de uit Toulon afkomstige acteur Raimu een huis, het **Ker Mocotte** (13, rue Raimu).

Een eiland bezoeken
Wie Bandol een keer vanaf zee wil zien, kan naar het **Ile de Bendor** varen (juli-aug. 7-2 uur om het halfuur, naseizoen 7-23 uur elk uur, winter 7.30-17 uur, retour € 10-12). Het rotseiland is eigendom van het sterkedrankenbedrijf Paul Ricard. Paul Ricard, producent van Pastis Ricard, kocht Bendor in de jaren 50, legde een betonnen rondweg aan en liet er een 'Provençaals' dorp bouwen (www.bendor.com). In de **Exposition universelle des vins et spiritueux** worden zo'n 8000 voorwerpen uit de geschiedenis van wijn en sterkedrank getoond (juli-aug. dag. 11-19 uur, gratis).

🏠 Stille wijk
Bel Ombra
Een klein hotel in een rustige woonwijk, familiair en gastvrij. Voor gezinnen zijn er kamers met een tussenverdieping.

Provence in het klein – omgeving van La Cadière-d'Azur

Van het strand in Les Lecques leidt de verwaarloosde D266 naar een 'Provence in het klein' met amandelbomen en wijngaarden. Wijnhuizen nodigen uit om de fruitig-kruidige Bandol te proeven. Oliemolens bieden hun product aan, vestingdorpen liggen hoog op de rotsen.

Met het allermooiste uitzicht: een rosé uit Bandol.

Vanuit St-Cyr, waar een vergulde kopie van het New Yorkse Vrijheidsbeeld het plein siert, gaat het door de zachtglooiende wijngaarden van de AOC Bandol naar het middeleeuwse **La Cadière-d'Azur** 1. Onderweg moet je echt een stop inlassen in de **Moulin de St-Côme** 2: de olijfolie van de molen zou een van de beste van de Provence zijn. In de boutique vind je Savon de Marseille, nougat, lavendelhoning, Anchoiade en pastis!
Het betoverende La Cadière-d'Azur afficheert zichzelf als 'Village de caractère'. Dat geloof je direct. De ligging op een rotskam, de middeleeuwse weermuren, drie stadspoorten, de mooie parochiekerk uit 1508 (met de oudste klok in de Provence!), de met een smeedijzeren klokkentoren bekroonde Tour de l'Horloge, bochtige straatjes en enorme bougainvilles bepalen de charme van La Cadière-d'Azur.

Een boek en een racebaan
Le Castellet 3, eveneens 'Village de caractère', heeft het Ste-Baume-massief als imposant decor. Sinds de film 'La Femme du Boulanger' (1938) er is opgenomen, is het dorp een mekka voor Marcel Pagnol-fans. Deze schrijver uit de Provence heeft de gelijknamige roman geschreven. De winkels in de witgepleisterde straatjes worden in ieder geval goed bezocht.

Motorsportliefhebbers kennen het dorp vanwege de Paul Ricard-racebaan aan de N 8 in de richting van Aubagne. Als daar geen motor- of autoraces worden gehouden, testen autofabrikanten er nieuwe modellen (www.circuitpaulricard.com).

In La Cadière d'Azur vind je de beste wijngoederen van de AOC Bandol. In het voorname **Château de Pibarnon** worden vrijwel uitsluitend wijnen uit Mouvèdre gekelderd (410, chemin de la Croix des Signaux, tel. 04 94 90 12 73, www.pibarnon.com, ma.-za. 9-12, 14-18 uur).

Omgeving van La Cadière-d'Azur #3

Twaalf heiligenbeelden

Genoeg met die brullende motoren! Het dorp **Le Beausset** 4 is het beginpunt van een 2,5 km lang pelgrimspad, dat langs twaalf heiligenbeelden naar **Le Beausset-Vieux** omhoog voert (heen en terug 2 uur, 315 meter hoogteverschil). Het oude dorp, op 380 m hoogte, dat rond een vestingcomplex is gebouwd en verlaten werd toen de inwoners naar het in de vlakte gelegen Beausset trokken, bestaat uit niet veel meer dan de Chapelle Notre-Dame. Het romaanse kerkje uit de 12e eeuw bevat ex voto's, die met ontroerend naïeve schilderingen aan de pest van 1720 en de cholera van 1849 herinneren. Indrukwekkender is het vergulde Notre-Dame-beeld uit de werkplaats van de barokkunstenaar Pierre Puget uit Marseille. Terug naar de kust, naar Bandol – steeds tussen de wijngaarden door – voert de D 599.

Reiziger, kom je op donderdag naar La Cadière d'Azur, dan kun je je verheugen op de markt op de Place Jean-Jaurès! In Le Beausset wordt op vrijdag en zondag markt gehouden.

INFO EN OPENINGSTIJDEN

Office de Tourisme de La Cadière d'Azur: Pl. Charles-de-Gaulle, tel. 04 94 90 12 56, www.ot-lacadieredazur.fr.
Moulin de St-Côme: ma.-za. 9-12, 14.30-19, winter 14-18 uur, zo. alleen 's middags, www.moulindesaintcome.fr.
Chapelle Notre-Dame: rondleidingen juli-aug. wo. 15.30 uur of op aanvraag bij het Maison du Tourisme, tel. 04 94 90 55 10.

ETEN EN DRINKEN

Le Bistrot de Jef 1: La Cadière d'Azur, 16, avenue Gabriel-Péri, tel. 04 94 90 11 43, www.hotel-berard.com, wo., en juli-half sept. ook do.-avond gesloten, formule € 20, menu € 33. Lichte mediterrane keuken in de bistro van de Hostellerie Bérard. Mijn ontdekking is
La Cauquière 2: Le Beausset, 7, rue Chanoine-Boeuf, tel. 04 94 74 98 15, www.lacauquiere.fr, zo.-avond en ma., en juli-aug. ook di.-middag gesloten, formule € 19, menu vanaf € 32). Onvergetelijk zijn de ingelegde groenten met verse schapenkaas en het lam met artisjokken.

Uitneembare kaart: D 7

De kust van de Provence ▶ Bandol

Schaduwrijke *tonnelle* (prieel) om je in te ontspannen.
31, rue de la Fontaine, tel. 04 93 34 90 14, www.hotelbelombra.fr, apr.-okt. 2 pk vanaf € 65, half juli-aug. alleen HP € 32 p.p. extra

🏠 Zonnen en belle époque
Golf Hôtel
Strandhotel in het voormalige casino, in neo-Arabische art-decostijl. Aangenaam sobere kamers, enkele met balkon aan de zeekant. Ontbijt onder de palmen. In de zomer met strandrestaurant!
10, promenade de la Corniche, tel. 04 94 29 45 83, www.golfhotel.fr, apr.-okt., 2 pk vanaf € 70

🍴 Smaakwerkplaats
L'Atelier du Goût
Alle producten komen van bedrijven in de buurt. En zo smaken de clafoutis met wilde asperges en de pollak (vis) met wortelen, komijn en koriander dan ook.
2, rue Pons, tel. 04 89 66 61 37, di.-avond juli-aug. ook wo. gesloten, formule € 26 (lunch door de week), menu € 52 ('s avonds)

🍴 Een beetje verstopt
L'Espérance
Een beetje verstopt ligt het kleine, fijne restaurant von Gilles Pradines. Heerlijk zijn de dorade in tomatenfondue of het kalfsvlees met aardappelpuree en morieljes.
21, rue du Dr-Louis-Marcon, tel. 04 94 05 85 29, ma., sept.-juni ook di. gesloten; menu vanaf € 31

🍴 Vers en lekker
Du côté de chez Swann
Een piepkleine zaal, een mooi terras en een vriendelijk echtpaar dat de tent runt. De keuken is vers, innovatief en regionaal.
23, rue du Dr-Louis-Marcon, tel. 04 94 29 91 64, wo. en do. middag, naseizoen ook zo. avond gesloten, menu € 15 (door de week)-€ 32

🛒 Dagelijks genoegen
Markt
De kleine **Provençaalse markt** voor de kerk is niet alleen een eyecatcher, maar ook een dagelijks (!) winkelgenoegen. Op dinsdag komt er een **markt met van alles en nog wat** (textiel, huishoudelijke artikelen) aan de haven bij. Van half juni tot half sept. is er bovendien nog een **avondmarkt** aan de haven (vanaf 17.30 uur).

🍷 Alle wijnen uit Bandol
Oenothèque des Vins de Bandol
De vinotheek van de Bandol-wijnboeren heeft zo'n vijfentwintig châteaux van deze AOP op voorraad. Mijn favorieten: Domaine de la Bégude en Domaines Ott.
Pl. Lucien-Artaud, www.maisondesvins-bandol.com, dag. 10-13, 15-19 uur, zo. middag gesloten

🍷 Een wijn uit het kasteel
Château de Pibarnon
Een landsheerlijk wijngoed met een uitstekende AOP Bandol, vrijwel uitsluitend uit Mouvèdre.
La Cadièred'Azur, Comte de St-Victor, ten zuiden van het dorp via de D 266, tel. 04 94 90 12 73, www.pibarnon.com, ma.-za. 9-12, 14-18 uur

🍸 Fifties reloaded
Tchin-tchin Bar
Leuke bar in pure jaren 50-stijl – natuurlijk met niervormige tafeltjes. Eigen cocktailcreaties en evenementen 's avonds maken dat deze bar al decennia *the place to be* is.
11, allée Jean Moulin, dag. 8-3 uur

🏖 Zwemmen en zonnen
Bandols huisstrand is het **Plage du Casino** bij het casino, met goudgeel zand. Achter het casino in de richting van Sanary (D 559) vind je nog een lang zandstrand, dat ideaal is voor kinderen. Intiemer is het **Plage de Renécros**, een zandstrand in de vorm van een halve cirkel achter de westpunt van de baai van Bandol. Op het **Ile de Bendor** is een zandstrand, waar het echter in het weekend veel te druk is.

🥾 Wandelen op de huisberg
Le Gros Cerveau, de berg van Bandol, is eigenlijk meer een heuvelrug die tot aan Sanary-sur-Mer reikt. Bij de Jardin Exotique begint een rondwandeling naar de top (11 km, www.gpx-view.

De kust van de Provence ▶ Sanary-sur-Mer

com/gpx.php?f=Le_Gros_Cerveau_
Gp1.gpx).

Fietsverhuur en -tochten
Holiday Bikes
Toerfietsen en mountainbikes en tips voor tochten in het achterland, bijvoorbeeld vanaf Ollioules (9 km naar het oosten) over de smalle D 20 op de kam van de 429 m hoge Gros Cerveau.
127, rte. de Marseille, tel. 04 94 29 03 32

Boottochten
Atlantide
Leuke boottochten naar de Calanques de Cassis, het Château d'If bij Marseille, om dolfijnen te zien bij de Cap Sicié en naar Porquerolles.
Quai d'honneur, tel. 04 94 29 13 13, www.atlantide1.com, 2 x dag.

Info en evenementen
Maison du Tourisme: Allées Vivien, 83150 Bandol, tel. 04 94 29 41 35, www.bandoltourisme.fr.
Treinen: station, tel. 36 35. Treinen naar Marseille, Hyères, Toulon.
Bus: bussen naar St-Cyr-sur-Mer, La Ciotat, Sanary, La Cadière d'Azur, Le Beausset, www.varlib.fr, € 3 per rit.
Fête du Millésime: het wijnfeest van Bandol. Proef de jonge wijn van dat jaar, 1e zo. in dec. aan de haven.

Sanary-sur-Mer

D 7

De uitloper van de Pointe de la Cride scheidt de baaien van Bandol en Sanary-sur-Mer, dat tot 1890 San Nazari heette. Pas toen werd het veranderd in het voor Parijse oren beter klinkende Sanary (16.000 inw.). Kleurige vissersboten roepen nu naast witte jachten nostalgie op, maar nog altijd behoort de terugkeer van de kotters en de trawlers tot een dagelijks ritueel – de vangst wordt direct op de kade verkocht. Op de achtergrond houdt de bergrug van de Gros Cerveau koele wind van het vasteland van de terrassen aan de haven weg, waar in de jaren 30 veel Duitse, voor de nazi's gevluchte, schrijvers en kunstenaars zaten (▶ blz. 32).

Alle wegen leiden naar de haven
De in een halve cirkel rond de haven gelegen terrassen geven Sanary iets gezelligs. De kerktoren en de gevel van het **Hôtel de la Tour**, met op zijn abrikooskleurige gevel een 23 m hoge middeleeuwse **toren** 1, bepalen het beeld van de Quai du Général de Gaule. In de toren het kleine **Musée de l'Archéologie sous-marine** ondergebracht. Daar wordt alles getoond wat Frédéric Dumas, pionier van de onderwaterarcheologie en duiker, voor de kust van Sanary-sur-Mer geeft gevonden: voornamelijk amforen. Ook niet slecht: van het terras op de toren heb je het mooiste uitzicht over de havenplaats (Av. Gallieni, juli-aug. dag. 10-12.30, 16-19, sept.-juni wo., vr.-zo. 14.30-18 uur, gratis). In het havenbekken voor het Hôtel de la Tour schommelen een stuk of vijfentwintig kleurig gelakte **pointus**, zoals de traditionele vissersboten van de Côte d'Azur heten. Ze zijn slechts decoratie. De 'echte' kotters en trawlers leggen aan de andere kant van de haven aan.

De kapen in het westen
Eerst breng je een bezoek aan het **Musée de l'Histoire de la Plongée Autonome** 2, dat gewijd is aan de geschiedenis van het duiken (Rue Lauzet-Aîné, Salle Maurice-Fargues, juli-aug. dag. 10-12.30, 15.30-19 uur, di., do. alleen 's middags, sept.-juni wo.-vr. 14.30-18, za., zo. 10-12.30, 14.30-18 uur, gratis). Te zien zijn duikerspakken uit de jaren 30, harpoenen en de eerste onderwatercamera. Vervolgens duurt de wandeling over de Montée de l'Oratoire naar de kapel **Notre-Dame-de-Pitié** 3 ongeveer een kwartier. Deze visserskapel bevat een reeks fraaie ex voto's. Over de Chemin de la Colline en de Avenue de Verdun gaat het verder naar de kaap **Pointe du Baou Rouge** en naar het

SANARAY-SUR-MER

Bezienswaardig
1. Toren/Musée de l'Archéologie sous-marine
2. Musée de l'Histoire de la Pongée Autonome
3. Notre-Dame-de-Pitié
4. Gedenkplaat
5. Villa Moulin Gris
6. Villa La Tranquille
7. Villa Valmer
8. Villa Le Patio
9. Villa La Ben Qui Hado

Overnachten
1. Synaya
2. Hôtel de la Tour
3. Le Bon Abri

Eten en drinken
1. La P'tite Cour
2. La P'tite Fabrik
3. Le Nautique
4. Café de la Marine
5. Café de Lyon

Sport en activiteiten
1. Lagos Surf Center
2. Randopalmée Sanary

---

strand achter de **Pointe de Portissol**. Na nog twee kilometer bereik je de **Pointe de la Cride**, vanwaar je mooi uitzicht hebt op de baaien van Bandol en Sanary.

ETEN, OVERNACHTEN

 Overnachten

Hideaway met palmen
Synaya 1

Charmant hotel op een rustige locatie bij het Portissol-strand (200 m), met (palmen)tuin, zwembad en moderne kamers.

92, chemin Olive, tel. 04 94 74 10 50, www.hotelsynaya.fr, 2 pk vanaf € 82

Bootje aan de haven
Hôtel de la Tour 2

Dit familiebedrijf, waar Thomas Mann en andere Duitse bannelingen in de late jaren 30 logeerden, ligt aan de haven. De lichte kamers combineren Franse charme met frisse accenten.

Quai Général de Gaulle, tel. 04 94 74 10 10, www.sanary-hoteldelatour.com, restaurant di., en juli-aug. ook wo.-avond gesloten 2 pk met ontbijt vanaf € 80, formule € 25, menu vanaf € 39, bouillabaisse € 62

Klein, maar fijn
Le Bon Abri 3

Mooi, door een familie geleid hotel met slechts negen kamers en veel vaste gasten. Fraaie tuin.

De kust van de Provence ▶ Sanary-sur-Mer

94, avenue des Poilus, tel. 04 94 74 02 81, www.sanary-hotel-bon-abri.com, 2 pk met ontbijt vanaf € 70, Pasen en juni-sept. alleen met HP (€ 20-22 extra per pers.)

🍴 Eten en drinken

Zonnige kleine binnenplaats
La P'tite Cour
Het mooist zit je op de kleine binnenplaats achter het huis. Ingelegde bonito (tonijn) of dorade in sardinekorst met spinazie smaken binnen echter ook prima.
6, rue Barthélemy-de-Don, tel. 04 94 88 08 05, www.laptitecour.com, za. middag, sept.-juni ook di., gesloten, menu € 29

Neobistro
La P'tite Fabrik ❷
Deze bistro even voor de jachthaven voert ondanks zijn jaren vijftigaccenten in de inrichting een moderne keuken met Aziatische invloeden.
16, quai Général-de-Gaulle, tel. 04 94 74 02 17, www.la-ptite-fabrik.com, juli-aug. ma. middag, di. middag, anders di., wo. gesloten

🥾 Sport en activiteiten

Life is a beach
Kiezel-zandstrand aan de oostrand van de plaats. In het westen lokt het zandstrand van **Portissol**. Zeer mooie zandstranden in **Six-Fours-les-Plages**, 7 km zuidoostelijk, met uitzicht op de baai van Sanary.

Fietsen en surfen
Lagos Surf Center ❶
Uitstapjes naar de Iles des Embiez en de Calanques.
Mobiel 06 75 71 81 76, www.croixdusud5.com

Snorkelen
Randopalmée Sanary
Onderwaterwandelingen (*Balade subaquatique*) met gids vanaf het Plage du Portissol. Zwemvliezen, bril en snorkel worden beschikbaar gesteld (juli-aug., 2 uur € 16, boeken via het Office de Tourisme. **Randopalmée Sanary** gaat verder. Materiaal wordt ook hier beschikbaar gesteld.
Le Port, mobiel 06 28 07 61 65, www.sanary.com/randonnee-palmee-sanary.html, halve dag € 40

INFO

Maison de Tourisme: 1, quai du Levant, 83110 Sanary-sur-Mer, tel. 04 94 74 01 04, www.sanarysurmer.com.
Vlooienmarkt: laatste za. van de maand in de voetgangerszone.

EVENEMENTEN

Fête des Pêcheurs: vissersfeest met processie en reuzenbouillabaisse in even jaren, laatste weekend van juni
Virée de St-Nazaire: schouw van oude vissersboten in de haven, pinksteren

IN DE OMGEVING

Kinderboerderij
Zeer populair bij kinderen is **Zoa**, het *parc animalier et exotique Sanary-Bandol*. Waarom? Door de Senegalese dwerggeiten, dwergezels, dwergkangoeroes en shetlandpony's.

NOG WAT

Vakantie op de boerderij in de Côte d'Azur? Dat kan bij **Au Jardin de la Ferme.** Bij deze hoeve in Le Brusc horen een grote tuin met plaatsen voor campers, enkele chambres d'hôtes en vakantiehuisjes. Verkoop van zelfgeteelde olijfolie! 688, chemin des Faisses, tel. 04 94 34 01 07, www.au-jardin-de-la-ferme.com. Chambres d'hôtes met ontbijt vanaf € 75, vakantiehuisjes vanaf € 480 per week voor 4 pers., camping € 18/2 pers.

Ballingengeluk onder de palmen – **door Sanary-sur-Mer**

'Sur les pas des Allemands et des Autrichiens en exil à Sanary' is de naam van een themapad in de voetstappen van Duitse en Oostenrijkse intellectuelen. Zij vluchtten vanaf 1933 voor de nazi's in ballingschap naar Sanary. De kleine havenplaats was volgens Ludwig Marcuse enkele jaren 'hoofdstad van de Duitstalige literatuur'.

Het *Sentier des écrivains exilés* begint in de haven, waar een **gedenkplaat** 4 bij het Office du Tourisme bijna veertig namen telt, van Bertold Brecht tot Stefan Zweig. Chez Schwob (nu: **Le Nautique** 3) heette hun stamcafé aan de **Quai de Gaulle** nr. 6. Ernaast, in het **Café de la Marine** 4 (nr. 8), heeft Brecht liederen tegen Goebbels en Hitler gezongen. Iets verderop, in het **Café de Lyon** 5 (nr. 2), ontmoetten Oostenrijkers en Duitsers elkaar om over Nietzsche, de oorlog en vluchtbestemmingen overzee te discussiëren. Het in 1898 aan de Quai de Gaulle opgerichte **Hôtel de la Tour** (▶ blz. 18) is rond een zware middeleeuwse toren gebouwd. Voor veel ballingen was dit nog steeds door de familie Rubelli geleide bedrijf een eerste trefpunt.

Na de Duitse bezetting van Noord-Frankrijk in 1940 werden de ballingen in toenemende mate door de inwoners als bedreiging gezien, zeker toen hun financiële middelen opdroogden. Het kwam tot lokale verboden en daadwerkelijke aanvallen.

Onderdak in de ronde toren

'Het was een wachttoren die een schilder met meer smaak dan gevoel voor het praktische had ingericht', schrijft Alma Mahler-Werfel in haar autobiografie over de **Villa Moulin Gris** 5 (Chemin de la Colline, tegenover de Chapelle Notre-Dame-de-Pitié), die ze in 1938-1940 met Franz Werfel van de Parijse schilder Jean-Gabriel Daragnés had gehuurd. In 1940 konden ze samen met Heinrich, Nelly en Golo Mann over de Pyreneeën vluchten en zich inschepen naar New York.

Onderdak voor de Nobelprijswinnaar

Thomas en Katia Mann hielden echt hof in hun **Villa La Tranquille** 6 (Chemin de la Colline). Sanary was de Manns al voor 1933 bekend.

Strandleven – toen de vakantie nog zwart-wit en de badmode zichtbaarder was.

Dochter Erika en zoon Klaus hadden begin jaren 30 het vissersdorp bezocht op hun befaamde Rivièrareis en raadden het hun ouders aan als ballingsoord. Net als veel andere villa's werd La Tranquille in 1944 in afwachting van de geallieerde landing door de Duitse bezetters opgeblazen.

Het lot van de ballingengemeenschap

Lion en Marta Feuchtwanger woonden van 1934-1940 in de **Villa Valmer** 7 aan de Boulevard Beausoleil. Het huis van deze succesvolle schrijver was middelpunt van de ballingengemeenschap. In 1940 werd het echtpaar in het beruchte kamp Les Milles bij Aix en Gurs opgesloten. Feuchtwanger ontkwam, verkleed als oude vrouw, en Marta dankzij invloedrijke contacten. Na vertrek naar de VS schreef Feuchtwanger *Der Teufel in Frankreich*, een afrekening met bezetters en collaborateurs. De schilder Anton Räderscheidt en de fotografe Ilse Salberg lieten in 1938 de **Villa Le Patio** 8 aan de Avenue des Pins bouwen en dreven daar een klein restaurant. In 1940 werd Räderscheidt in Les Milles gevangen gezet. Later kon hij naar Zwitserland ontkomen. Ilse Salberg werd in Gurs geïnterneerd en ontkwam eveneens naar Zwitserland. Ernst Mayer, de zoon van de fotografe, werd echter in Auschwitz vermoord.

Literair monument

De Elzasser schrijver René Schickelé vond met zijn vrouw Anna in de **Villa La Ben Qui Hado** 9 aan de rotonde Stellamare onderdak. In zijn roman *Die Witwe Bosca* richtte hij voor Sanary-sur-Mer onder de naam Ranas-sur-Mer een literair monument op.

INFO EN OPENINGSTIJDEN

Brochure 'Sur les pas des Allemands et des Autrichiens en exil à Sanary 1933-1945': bij het Office du Tourisme (▶ blz. 31), € 3. Elk van de 21 huizen draagt een plaquette.

CULINAIR

Hôtel de la Tour: niet alleen een mooi hotel, maar ook een bastion van de bouillabasse. Het uitzicht op schommelende vissersboten krijg je er gratis bij (▶ blz. 30).

Uitneembare kaart: D 7 | **plattegrond**: blz. 30

De kust van de Provence ▶ Toulon

Voor volwassenen zijn er duizenden tropische planten, ara's en pauwen (3 km buiten de stad, perfect aangegeven, tel. 04 94 29 40 38, www.zoaparc.com, openingstijden 8-12, 14-18, in de zomer tot 19 uur, zo. ochtend gesloten, in de zomer zo. vanaf 10 uur, € 10).

Surfen, wandelen, islandhopping

Vanuit Sanary ben je zo in de kleine haven van Le Brusc op het **schiereiland van Sicié**. Van de pier in de haven vaart een veerboot in 12 minuten (€ 14) naar het **Ile des Embiez**, nog een eiland dat in eigendom is van Paul Ricard. Het eiland is met 95 ha het grootste van een mini-archipel. Het panorama op het schiereiland van Sicié is schitterend. Met de oceanografische stichting heeft de pastiskoning op het eiland een onderzoeksinstituut met aquarium-museum geschapen dat ijvert voor de bescherming van de kust (www.lesilespaulricard.com), dag. 10-12.30, 13.30-17.30 uur, sept.-juni za. ochtend, nov.-mrt. za., zo. ochtend gesloten, half nov.-jan. za., zo. gesl. € 5). Het kleinste eiland, **Gaou**, wordt door een voetgangersbrug met de **Pointe du Gaou** verbonden. Van de rotspunt kijk je oostwaarts op de **Cap Sicié**, die bijna 400 m hoog uit zee oprijst. Een kustwandelpad (4 km) voert van het gehucht **La Leque** naar de kaap.

Toulon 📖 E 7

Toulon (165.000 inw.), de belangrijkste Franse oorlogshaven, worstelt met zijn reputatie. Het verkeer op de D 599, die de oude en de nieuwe stad doorkruist, is bij gebrek aan een ringweg moordend. Tussen de wijken van rond de eeuwwisseling in het noorden en de haven in het zuiden heeft Toulon echter 22 ha van de oude stad kunnen bewaren, die als een mengeling van Arabische medina en Napolitaanse stratendoolhof aandoet. Overal werd gesaneerd. De pleinen zijn wandelboulevards, tot voor kort duistere stegen stralen nu in frisse kleuren, maar Toulon is eigenlijk een provincieplaats gebleven. Het beste bewijs daarvoor levert de overvolle weekmarkt. De stad trekt steeds meer cruiseschippassagiers, van wie het aantal de afgelopen jaren enorm is toegenomen.

De Provençaalse ziel van de stad opzoeken

Laat je niet van de wijs brengen door het drukke verkeer op de Avenue de la République! Slechts een paar passen van het kolossale **Hôtel de Ville 1** (het nieuwe stadhuis) verwijderd duik je onder in de gezellige oude stad. Ter hoogte van de in Provençaalse barok uitgevoerde kerk **St-François-de-Paule 2** (9-19 uur) verbreedt zich de breed opgezette **Cours Lafayette 3** met zijn kleurrijke *marché provençal*. Als je je ogen hebt uitgekeken op de bergen aubergines, courgettes en abrikozen, vervolg je je weg naar de **Cathédrale Ste-Marie 4** (9-18 uur). Deze kerk, die in zijn kern romaanse elementen heeft, is de navel van de oude stad. In het aangrenzende voormalige bisschoppelijk paleis toont het **Musée du Vieux-Toulon 5** kostbare en curieuze voorwerpen uit de stadsgeschiedenis, zoals door gevangenen met fijn snijwerk bewerkte kokosnoten (di.-za. 14-17.45 uur, gratis). In het fijnmazige netwerk van straatjes eromheen heerst de gezellige drukte van een provinciestad. Er staan nog altijd vervallen middeleeuwse gebouwen, maar een paar passen verderop word je alweer betoverd door gerenoveerde *traverses*, passages die de nauwe straatjes met

Tot 1748 dreigden veroordeelde zware misdadigers in Toulon hun straf op een galeischip te moeten uitzitten. Deze roeiboten werden later vervangen door het beruchte tuchthuis van Toulon, dat in 1873 werd gesloten.

TOULON

Bezienswaardig
1. Hôtel de Ville
2. St-François-de-Paule
3. Cours Lafayette
4. Cathédrale Ste-Marie
5. Musée du Vieux-Toulon
6. Maison de la Photographie
7. Musée National de la Marine
8. Préfecture Maritime
9. Stadhuis
10. Hôtel des Arts
11. Musée des Beaux-Arts
12. Jardin Alexandre 1er
13. Musée mémorial du Débarquement
14. La Fauverie
15. Musée des Arts asiatiques

Overnachten
1. Mas St-Martin
2. La Corniche
3. Grand Hôtel Le Dauphiné
4. Little Palace

Eten en drinken
1. Au Sourd
2. Les P'tits Pins
3. La Tête à Toto

Winkelen
1. Marché provencal
2. Elégance Marine

Uitgaan
1. Ghjé Cusi
2. Le Bar à Thym

Sport en activiteiten
1. Bateliers de la Rade

elkaar verbinden. Via de voetgangerszone van de **Rue d'Alger**, de winkelstraat van de oude stad, en de Rue Hoche bereik je de betoverende **Place Puget**. Symbool van het plein is de met mos overwoekerde dolfijnenfontein. Iets verder naar het westen siert op de hoek van de Rue Vezzani en de **Traverse des Capucins**

De kust van de Provence ▶ Toulon

De militaire betekenis van Toulon ligt in het beschutte havenbekken. Lodewijk XII gaf in 1514 opdracht voor de eerste gebouwen voor een oorlogshaven. Richelieu besloot in 1639 tot de oprichting van een oorlogsmarine, waarvan Toulon het strategisch centrum werd. Met 15.000 soldaten en civiele werknemers is de marine nog altijd de belangrijkste werkgever van de stad.

een stenen Neptunus de muur: het is een kopie van een 17e-eeuws boegbeeld waarvan het origineel in het Musée de la Marine is te bewonderen is. Vlak in de buurt werd aan de Place du Globe een hamam ingericht als **Maison de la Photographie** 6. Hier zie je mooie fototentoonstellingen – een bezoek is de moeite waard! (Rue Nicolas Laugier, di.-za. 12-18 uur, gratis). De **Place des 3 Dauphins**, met een buste van de in Toulon geboren filmacteur Raimu is de volgende pleisterplaats in de oude stad. Hij volgt op de **Place Victor Hugo**, met een pompeus operagebouw in second-empirestijl en de mogelijkheid vanaf een caféterras de voorbijgangers te observeren.

Toulons maritieme geschiedenis leren kennen
Van de imposante **Place d'Armes** zijn het maar een paar stappen naar de militaire zone van de 268 (!) ha grote *Base naval* (vlootbasis) – toegang voor burgers verboden. In het westen staat in de Rue Jourdan de vroegclassicistische kerk St-Louis te midden van straatjes die vroeger het middelpunt van Toulon waren. Er zijn nog altijd winkels met militaria en marinesouvenirs, naast veel snackbars. Terug naar het havenbekken, waar de barokke **Porte de l'Arsenal** toegang geeft tot het **Musée National de la Marine** 7, gewijd aan de Franse scheepvaartgeschiedenis, met boegbeelden, foto's uit de koloniale oorlogen en twee jaar houdbare scheepsbeschuit (Pl. Monsenergue, www.musee-marine.fr, sept.-juni wo.-ma. juli/aug. dag. 10-18, € 6, tot 26 jaar gratis). Met het moderne gebouw van de **Préfecture Maritime** 8 begint de **Quai Cronstadt**, de populairste wandelkade van Toulon. Caféterrassen rijgen zich hier aaneen. Van het oude, barokke **stadhuis** 9 zijn alleen de atlanten van de beroemde beeldhouwer Pierre Puget over. De rest werd in 1944 net als het hele havenfront door bommen vernield. De naoorlogse bebouwing is niet echt een architectonisch hoogstandje.

Je laven aan de belle époque van de bovenstad
Aan de andere kant van de Boulevard de Strasbourg markeert de **Place de la Liberté** het begin van de bovenstad. De belle époque geeft hier, met een pompeuze fontein en de gevel van het voormalige Grand Hôtel (nu Théâtre Liberté) ruimhartig de toon aan. Tegenover het plein zijn in het **Hôtel des Arts** 10, in een chique 18e-eeuwse villa, tentoonstellingen van hedendaagse kunst te zien, veel uit openbare collecties uit de regio (236, boulevard Maréchal Leclerc, di.-zo. 10-18 uur, www.hdatoulon.fr, gratis). Verder omhoog langs de drukke Boulevard de Strasbourg in noordwestelijke richting bereik je het in neorenaissancestijl gebouwde **Musée des Beaux-Arts** 11 met een verzameling moderne kunst: werken van Christo, César, Arman, Sol Lewitt (113, boulevard Maréchal Leclerc, di.-zo. 10-18 uur, gratis). Als je moe bent, rust je uit in de historische tuinaanleg van de **Jardin Alexandre 1er** 12 om de hoek.

De Mont Faron bedwingen
Toulons 'huisberg', de **Mont Faron**, verheft zich met zijn kale, 584 m hoge top boven de stad. Je gaat omhoog met de **kabelbaan** (sinds kort met glazen bodem!) aan de Boulevard Amiral de Vence (juli/aug. dag. 9.30-19.45, anders di.-zo. 9.30-12.15, 14-18 uur, heen en terug € 9, let wel op: hij gaat niet als

De kust van de Provence ▶ Toulon

het hard waait). Op de top is in een diorama in het **Musée mémorial du Débarquement** 13 de geallieerde landing van 1944 uitgebeeld (di.-zo. 10-12, 14-17.30, in de zomer tot 18.45 uur, € 4,50). De naburige dierentuin **La Fauverie** 14 is gespecialiseerd in het fokken van en onderzoek naar katachtigen ('s zomers dag. 10-17, anders ma.-za. 14-17, zo. 10-17 uur, op regenachtige dagen gesloten, € 9,50).

In Toulon naar het strand

Le Mourillon heet de strandwijk in het zuidoosten. Tussen het **Musée des Arts asiatiques** 15 in de voormalige villa van Jules Verne (169, littoral Frédéric Mistral, di.-zo. 12-18 uur, gratis) en de **Cap de Carqueiranne** 12 km naar het zuidoosten, vind je zandstranden met vestingtoren, forten, villa's, baaien en een kustwandelpad (leuk: Plages de Mourillon-Anse Méjean, wandeling van 45 min.). Mooi is het gehucht **Les Oursinières** met uitzicht op de Corniche varoise (de kuststrook bij Toulon).

....
ETEN, SHOPPEN, SLAPEN
....

🏠 Overnachten

Douaniershuis
Mas St-Martin
Douaniershuis uit de 17e eeuw, met twee maritiem ingerichte kamers, een groot terras en een 1 ha grote tuin met heerlijk geurende planten, op een schitterende locatie en met een adembenemend uitzicht.
Chemin du Fort de Cap Brun (10 km oostelijk), mobiel 06 10 18 64 98, www.cap-brun.com. 2 pk met ontbijt vanaf € 130

Vue sur mer
La Corniche
Elegant hotel en prettig familiebedrijf, aan het strand van Mourillon. Kamers aan zee of aan de tuin.
17, littoral Frédéric Mistral, tel. 04 94 41 35 12, www.hotel-corniche.com. 2 pk vanaf € 115

Juweeltje in de oude stad
Grand Hôtel Le Dauphiné 3
Goed geleid hotel met moderne kamers, midden in de oude stad – ideaal als je wilt uitgaan.
10, rue Berthelot, tel. 04 94 92 20 28, www.grandhoteldauphine.com. 2 pk vanaf € 79

Paleis in het klein
Little Palace 4
Een smal hotel in de oude stad, met kleine kamers in de kleuren van het zuiden, een mooi ontbijtterras en een geweldige ontvangst.
6-8, rue Berthelot (ingang Place des 3 Dauphins), tel. 04 94 92 26 62, www.hotel-littlepalace.com. 2 pk vanaf € 67

....

🍴 Eten en drinken

Visbastion
Au Sourd 1
Heel Toulon gaat al sinds onheuglijke tijden naar dit legendarische restaurant om *friture* (gefrituurde visjes) en *bourride de Toulon* (vissoep, alleen op bestelling vooraf) te eten. Gezellig terras.
10, rue Molière, tel. 04 94 92 28 52, www.ausourd.com, zo., ma. gesloten, menu lunch € 28, anders € 35

Beste locatie
Les P'tits Pins 2
Aan het centrale plein: een bistro nieuwe stijl, met vernieuwde klassiekers als tarte tatin met tomaten, *charcuterie*-schotel, salade met lauwwarme mul en een zee van stoelen op het terras.
237, blvd. de la Liberté, tel. 04 94 41 00 00, www.lesptitspins.com, behalve vr., za. alleen lunch, zo. rustdag, formule € 19, menu € 28

Klein pleintje, groot plezier
La Tête à Toto
Patricia en Pasquale hebben een leuke bistro aan een piepklein pleintje in de oude stad, die als een geheime tip wordt gezien. Dagschotel, burger, tartaar of salade, alles smaakt even goed.
4, rue Larmodieu, tel. 04 94 24 43 17, za. avond, zo. gesloten, formule € 17, menu € 27

De kust van de Provence ▶ Toulon

Winkelen

De Provence voor het winkelmandje
Marché provencal
Deze grote weekmarkt brengt alle heerlijkheden van de Provence naar de stad. Een feest voor alle zintuigen!
Cours Lafayette, di.-zo. 8-13.30 uur

Alles scheepvaart wat de klok slaat
Elégance Marine
Waterratten opgepast! Strepen-T-shirts, matrozenpetten, windjacks, en marine-onderscheidingstekens maken zelfs wie niet kan zwemmen tot kapitein.
20, rue Anatole-France, ma.-vr. 8.30-19, za. 8.30-12 uur, www.elegancemarine-toulon.com

Uitgaan

In Toulon gaat het er bedaard aan toe. Tot het aperitief in de late namiddag borrelt het op de **Place Puget** en de **Quai Cronstadt**. Dan verspreiden de mensen zich – enkele uitzonderingen daargelaten gaan de cafés hier vroeg dicht. Op naar de **Mourillon-wijk!**

Onverwoestbaar
Le Bar à Thym
Alleen al het belle-époquestucwerk is geweldig. Op donderdag, als er concerten worden gegeven, gaat het hier echt los. Verder is de bierkaart lang en zijn de tapas helemaal niet slecht. En zo hoort het ook in de Mourillon-wijk.
32, boulevard du Docteur-Cunéo, www.barathym.net, dag. 18-3 uur

---

TAPAS

Wie in Toulon Mourillon zegt, bedoelt ook tapas. De tapasbar die op dit moment favoriet is heet **Ghjé Cusi** (Corsicaanse tapas).
84, rue Muiron, 10-24 uur

Sport en activiteiten

Haventochten
Dit is een must! Met de **Bateliers de la Rade** vaar je door het mooiste havenbekken van de hele Côte d'Azur, naar de marinehaven, naar het scheepskerkhof, naar het schiereiland St-Mandrier, naar Porquerolles en naar Port-Cros.
Quai d'Honneur, tel. 04 94 46 24, www.lesbateliersdelarade.com. Met de boot door het havenbekken (apr.-sept., dag. € 10)

INFO

Office de Tourisme: 334, av. de la République, 83000 Toulon, tel. 04 94 18 53 00, www.toulontourisme.com.
Trein: station, Pl. Albert-Ier, tel. 36 35, www.voyages-sncf.com. TGV naar Parijs.
Bus: Réseau-Mistral met 19 lijnen naar La Seyne, Hyères, Six-Fours-les-Plages, www.reseaumistral.com.
Boot: veerdienst Bateau-Bus van de Quai d'Honneur naar La Seyne, Tamaris, St-Mandrier.

EVENEMENTEN

Fête Nationale: 14 juli. Nationale feestdag met groot vuurwerk boven het havenbekken.

IN DE OMGEVING

Aan de andere kant van de baai
In **La Seyne** (D/E 7) vormen stilgevallen werven en verlaten fabrieken een contrast met de strandhuisjes van het ertegenover gelegen **schiereiland St-Mandrier** (E 7). In de 17e eeuw is de doorvaart tussen St-Mandrier en het vasteland verzand, maar de eilandsfeer is gebleven. Grandioos uitzicht op Toulon vanuit de kleine haven aan de **Anse du Creux de St-Georges**. Terug naar La Seyne: in de richting van de wijk **Tamaris**, verder naar het zuiden, ontstonden

De kust van de Provence ▶ Hyères

rond 1900 prachtige villa's, zoals de Villa Sylvacane in art-decostijl en de Toscaans aandoende Villa Tamaris-Pacha (beide aan de kustweg). In de kanonstoren van het bijna vierhonderd jaar oude **Fort de Balaguier** is een tentoonstelling te zien over het voormalige tuchthuis (924, corniche Bonaparte, juli/aug. 10-12, 15-19, anders tot 18 uur, € 3).

Hyères F 7

Hyères werd al rond 1830 als reisbestemming ontdekt, maar werd later enkele decennia lang weer vergeten. Het leuke stadje (55.000 inw.) ligt namelijk niet direct aan het water, wat het minder aantrekkelijk maakt om er te verblijven. Het voordeel: zoutmijnen, fruit- en groenteteelt zijn hier net zo belangrijk als toerisme, wat de plaats zijn charme verleent. Zwemmen kun je vanaf het 12 km in zee stekende schiereiland van Giens, en op de voormalige Iles d'Or, die nu meestal Iles d'Hyères worden genoemd. Hiermee worden Porquerolles, Port-Cros en het Ile du Levant bedoeld.

Je in de oude stad verliezen
De oude stad, vol bochtige straatjes, is Provence pur sang, met zijn winkeltjes en kletsende buren. Aan de door platanen beschaduwde Place de la République valt de romaanse **St-Louiskerk** op met zijn indrukwekkende gevel. Hier zou Lodewijk de Heilige in 1254 op de terugweg van de zevende kruistocht voor het gebed zijn gestopt (ma.-vr. 9.30-12, 15-18.30, za. 9.30-12 uur). Aan het bovenste uiteinde van het plein ligt de Rue de la République. Links komt hij uit de op de vanwege de vele winkels op een Provençaalse markt lijkende Rue Massillon, die omhoop loopt naar het gelijknamige plein. De romaanse **Ste-Blaise-toren** domineert het plein. Oorspronkelijk hadden de tempeliers deze toren als commanderij opgericht. Nu wordt hij als expositieruimte gebruikt (ma.-za. 9-12.30, 14-17.30, juli-aug. tot 19 uur, gratis).

P PALMEN

De stad heet officieel Hyères-les-Palmiers. Er staan in het stadsgebied zo'n 10.000 palmen, bijvoorbeeld aan de Avenue Godillot en in de vele parken. En het aantal neemt toe.

De burcht op de heuvel bestormen
Via een trap bereik je vanaf de Place Ste-Blaise de naar de heuvel leidende Rue Ste-Cathérine en de Place St-Paul, waarop een oriëntatietafel het kustpanorama uitlegt. Door de bogen van de zevenhonderd jaar oude Porte St-Paul, waarnaast de collegiale **St-Paulkerk** (apr.-sept. wo.-ma. 10-12, 16-19, anders wo.-zo. 10-12, 14-17.30 uur) staat, leiden kronkelpaden omhoog naar het Parc St-Bernard (dag. 8-17, in de zomer tot 19.30 uur). Tussen het groen liggen de ruïnes van een middeleeuwse burcht. Aan het boveneind van het park valt de **Villa de Noailles** op, een bouwkundig icoon. Dit avant-gardistische bouwwerk (1924-1933) van Robert Mallet-Stevens, waar Bunuel, Man Ray en Dali vaste gasten waren, wordt gebruikt voor modeshows en designtentoonstellingen. Een bijzondere attractie van deze villa is de kubistische tuin (Montée de Noailles, www.villanoailles-hyeres.com, juli-aug. ma.-do., za., zo. 14-19, vr. 16-22, anders ma.-di. 13-18, vr. 15-20 uur, gratis).

Villa-watching
In het **Quartier Godillot**, ten westen van de oude stad, staan de fraaiste villa's uit de toeristische begintijd van Hyères. Schitterend: **Maison Hubert** in de Avenue des Iles d'Or nr. 70. Majesteitelijk: het **Hôtel des Ambassadeurs** in dezelfde straat. In Moorse stijl: de **Villa tunisienne** aan het eind van de Avenue Beauregard. Grandioos: het voormalige **Hôtel des Palmiers** in de Rue Gallieni. Gratis brochure bij het Office de Tourisme!

De kust van de Provence ▶ Hyères

Eenmaal per jaar komt de modewereld bijeen in Hyères. Tijdens het driedaagse **Festival International de Mode et de Photographie** in de Villa Noailles worden jonge talenten voorgesteld of ontdekt. Zo was het festival voor Viktor & Rolf springplank voor een grote carrière, voor het Berlijnse duo C. Neeon de internationale doorbraak, voor de Amerikaan van Koreaanse afkomst Kim Chong-Wilkins een triomf. Wordt vervolgd!, eind april 2019.

Het schiereiland Giens verkennen

Fietsers maken vanuit Hyères gebruik van een tussen de **Pesqierszoutmijnen** op het schiereiland Giens en de Golfe de Giens aangelegde weg – aan beide zijden glinstert het water. Met wat geluk zie je flamingo's in de sinds de middeleeuwen in bedrijf zijnde **zoutmijnen**. De snelweg (D 97) brengt je langs de oostflank naar het dorps aandoende **Giens**. Iets verder naar het zuiden verschuilt zich het haventje van **Niel** tussen de rotsen langs de kust.

🏠 Klein en zonnig
Hôtel du Soleil
Een aardig hotel in de oude stad, met een vriendelijke eigenaresse en navenante service. Kleine kamers in Provencestijl. Het laatste stukje, het steile straatje in, vraagt wat inspanning.
Rue du Rempart, tel. 04 94 65 16 26, www.hotel-du-soleil.fr. 2 pk vanaf € 69

🏠 Designstrand
BOR
Dit ligt aan het kilometers lange strand van La Capte, met aan de achterkant een dennenbosje. *Très design*. Er zijn twintig niet al te grote kamers in natuurtinten, van chocoladebruin tot roomwit. Verder geldt: *Life is a beach*. Uit de iPad klinkt een soundtapijt van Daft Punk en Benjamin Biolay.
3, allée Emile Gérard, tel. 04 94 58 02 73, www.hotel-bor.com. 2 pk vanaf € 110

🏠 Familiebedrijf
Le Mas du Port Augier
Een tiental vakantiehuizen en -huisjes naast campingplaatsen op een drie hectare groot wijngoed op de punt van het schiereiland van Giens, met rondom riet en wijnranken. Verdekte ligging aan het eind van een particuliere oprit, 5 min. van het water.
Presqu'île de Giens, T04 94 58 22 13, www.giens.com. vakantiehuis voor 2 pers. € 270-590, voor 6 pers. € 620-1380 per week

🏠 Surferscamping
Camping International de la Presqu'île de Giens
Vanwege de nabijheid tot het Almanar-restrand (surfersontmoetingsplaats!) is deze camping het middelpunt van een internationale surfersgemeenschap. Verhuurt ook stacaravans en huisjes.
1737, rte. de la Madrague, tel. 04 94 58 90 16, www.international-giens.com. Vanaf € 27/2 pers.

🍴 Voor wie van vlees houdt
Le Baraza
In de bistro tegenover het casino kun je heerlijk eten, met een goede wijn erbij. Klassiek blijft de rundertartaar met eigengemaakte pommes frites!
2, avenue Ambroise-Thomas, tel. 04 94 35 21 01, www.baraza.fr, zo., ma. gesloten, formule € 19, menu à la carte ca. € 40

🍴 Altijd goed
Carte blanche
De naam zegt het al. Wat op het schoolbord staat, kun je blind bestellen. De keus is relatief klein, maar de smaak uitstekend.
3, rue des Porches, tel. 04 94 23 51 56, www.restaurant-caerteblanche.com, zo., ma. en okt.-mei ook di. gesloten, menu € 32

🛍 Kleurrijk en druk
Markt
Een feest voor de zintuigen is de **markt** op de Place Massillon (dag.).

De kust van de Provence ▶ Hyères

🛇 Voor wie geluk heeft
Marché aux Puces
Zondagochtend aan de Avenue du Levant in La Capte: onder de dennen worden de kraampjes van de vlooienmarkt opgebouwd. Het grote snuffelen kan beginnen.
Apr.-dec., 7.30-13 uur

🌊 Zwemmen en zonnen
Naaktzwemmen kun je op het **Plage des Salins** ten oosten van Hyères. Lange zandstranden onder de schaduw van parasoldennen vind je in **Hyères-Plage.** Kleine, door rotsen omringde zandbaaien liggen aan de punt van het **schiereiland Giens.** Surfers gaan naar het **Plage d'Alamanarre** – met golfgarantie.

🌊 Wandelen
Sentier Littoral: een 8 km lang wandelpad voert rond de westpunt van het schiereiland Giens. Beginpunt in La Madrague (gele markering).

ℹ️ Info en evenementen
Office de Tourisme: 3, av. Ambroise-Thomas, 83400 Hyères, tel. 04 94 01 84 50, www.hyeres-tourisme.com.
Trein: station aan de Place de l'Europe, tel. 36 35, www.voyages-sncf.com. Expresstreinen naar Toulon, Nice en Marseille.
Bus: busverbindingen door het gehele departement, www.reseaumistral.com, www.varlib.fr.
Veerboten: vanaf de Iles d'Hyères met TLV-TVM, vanaf la Tour Fondue op de punt van het schiereiland Giens, of vanaf Hyères-Port, www.tlv-tvm.com.

IN DE OMGEVING

Welk eiland mag het zijn?
Vanaf het schiereiland Giens bij La Tour Fondue lijken de **Îles d'Hyères** (🗺 F–H 7/8) vlakbij. Alle drie de eilanden zijn autovrij (alleen inwoners mogen in auto's rijden) en geven een beeld van hoe de Côte d'Azur was voordat het beton de overhand kreeg. Het **Île de Porquerolles** (🗺 F 8) is met 8 x 2 km het grootste (www.porquerolles.com). Bijna 20.000 bezoekers, onder wie vooral dagjesmensen, overstromen Porquerolles in het hoogseizoen. Het betoverende eilanddorp wordt bewaakt door het Fort Ste-Agathe boven de haven. Aan de noordkust rijgen zich goudgele stranden aaneen en de geaccidenteerde zuidkust is geschikt voor wandelingen. Je kunt in de haven ook een fiets huren en het eiland per tweewieler verkennen – het fietspadennetwerk voert langs stranden, kliffen en bossen. De weelderige vegetatie – inclusief wijngaarden – heeft Porquerolles aan zijn bronnen te danken. Parasoldennen werpen hun schaduw over de paden. Het **Île du Levant** (🗺 H 7) is het kaalste van de drie eilanden en voor bijna 90 % militair terrein. Op de resterende 100 ha is de vrijheid blijheid: sinds 1931 is het eiland een nudistenparadijs. In het dorp Héliopolis hebben de *naturistes* hun kolonie, te midden van het groen. Je bereikt het over een 800 m lange weg (www.iledulevant.de). **Port-Cros** (🗺 G 8) is landschappelijk het fraaiste eiland, een paradijs voor snorkelaars, wandelaars en fietsers – ▶ blz. 42.

NOG WAT

'Tegenwoordig is het (Hyères) stiller en eleganter,' schreven Erika en Klaus Mann in 1931 in *Das Buch von der Riviera.* Natuurlijk! Man Ray had net in de Villa Mallet-Stevens *Les Mystères du Château de Dé* opgenomen. Villa-eigenaar Charles de Noailles begeleidde in datzelfde jaar Cocteaus eerste stappen in de filmwereld. Toen werd hij uitgekotst, omdat hij Luis Buñuels *L'Age d'Or* had gefinancierd. De Mann-kinderen amuseerden zich met dit schandaal over een film 'waarin een naakte vrouw uit een taxi over een hostie springt'.

Duiken en wandelen – Port-Cros

 # 5

Fabrice slaat met zijn zwemvliezen op een rots. 'Dat is ons kantoor', grapt de duikinstructeur van Parc National de Port-Cros. Een zomer lang zullen Fabrice en zijn collega's eilandbezoekers aan het La Palud-strand rondleiden op het 'Sentier soumarin', bij watertemperaturen die in augustus tot 29 °C kunnen oplopen. Dat klinkt niet alleen als het paradijs, dat ís het ook.

In duikerspak glijden we door het wiegende Posidonia-gras van de met boeien gemarkeerde onderwaterroute. Een paartje koningsblauw-oranjegestreepte lipvissen glipt voorbij, zonder zich om de bezoekers te bekommeren. Evenmin onder de indruk zwemt een school gestreepte bokvissen langs. 'De vissen zijn niet schuw, ze weten dat ze van mensen niets te duchten hebben', verklaart de duikinstructeur. Als om dit te bewijzen loert bij het rif van de Rocher du Rascas een kraak (inktvis) vanuit zijn rotshol vechtlustig naar ons. Op minder dan 250 m van het strand **La Palud** ❶ lijkt de zee een reusachtig aquarium met grondelende rode zeebarbelen, groen oplichtende zeeanemonen en dieppaarse zee-egels.

Blub, wat zwemt daar dan?

Eilandgeluk = wandelgeluk

Een tiental okerkleurige huizen staat dicht bij elkaar rond het haventje van het dorp **Port-Cros** ❶. Koningspalmen ruisen in de zeebries. Het voor de noordkust gelegen eilandje **Bagaud** ❷ houdt de mistral tegen. Hier rijden maar een paar auto's, van bewoners. Geen fietsverhuur, geen jetski's. Bezoekers van het eiland verplaatsen zich lopend door het dorp. Meer dan 30 km wandelpad ontsluit het rotsige eiland. Verlaat de paden vooral niet! Boven het eilanddorp verheft zich het **Fort du Moulin** ❸, waarachter na enkele minuten het nog grotere, in de 17e eeuw gebouwde **Fort de l'Etissac** ❹ opduikt. Over de zee kijk je op de baai van Hyères. In het fort wordt een expositie over de geschiedenis van het eiland en de biodiversiteit getoond.

OVERIGENS

Port-Cros werd in 1963 tot nationaal park uitgeroepen, inclusief 1288 ha zee eromheen. 177 vogel-, 7 vleermuissoorten, 265 verschillende schaaldieren en 180 vissoorten vormen de enorme soortenrijkdom van het viermaal 2,5 km grote gebied.

Aan de noordkust

Van het Fort de l'Etissac volgt het **Sentier des Plantes** ❷ de door stranden omzoomde noordkust. Allereerst het Plage de la Palud (zie hieronder). Nabij de kust vermengen zich de geur van rozemarijn, cistusrozen en wilde lavendel met de zilte zeelucht. Een paar kapen en baaien verder volgt met zijn goudgele sikkelvormige strand het **Plage de Port Man** ❸, het mooiste strand van het eiland.

Een stulpje voor een fotograaf

Helemaal in het oosten ligt het **Fort de Port Man** ❺ op een rotspunt. Yann Arthus Bertrand, de beroemde Franse fotograaf, die de wereld uit vogelperspectief beschouwt, heeft het vijfhonderd jaar oude gebouw gepacht. Van de muren gaat de blik over het naburige Île du Levant en le Grand Bleu.

Op de Mont Vinaigre

Mirte, mastiekboom, aardbeiboom, wilde olijfboom en hulsteik verrijken op de steil uit zee oprijzende zuidkust de hogere macchia rond de **Mont Vinaigre** ❻, het met 196 m hoogste punt van de archipel. Vanaf de Mont Vinaigre volgt het Sentier des Crêtes boven op de kliffen de steile kust. Misschien klinkt de roep van de dwergooruil door de aleppodennen. Dan is het geluk compleet.

INFO EN OPENINGSTIJDEN

La Maison du Parc: Port-Cros, tel. 04 94 01 40 70, www.portcrosparcnational.fr. Bij bosbrandgevaar zijn de wegen op het eiland gesloten.
Veerboten: vanaf Hyères-Le Port met TLV-TVM, www.tlv-tvm.com. Vanaf Le Lavandou, Cavalaire, La Croix-Valmer met Les Védettes Îles d'Or, www.vedettesilesdor.fr.
Sentier soumarin: Plage de la Palud, half juni tot half sept., www.portcrosparcnational.fr.
Fort de l'Etissac: mei-sept. dag. 10.30-12.30, 14.30-17 uur, gratis.

ETEN EN DRINKEN

Je eet heel goed in de **Hostellerie provençale** ❶ (tel. 04 94 05 90 43, www.hostellerie-provencale.com, dagschotel ca. € 20).

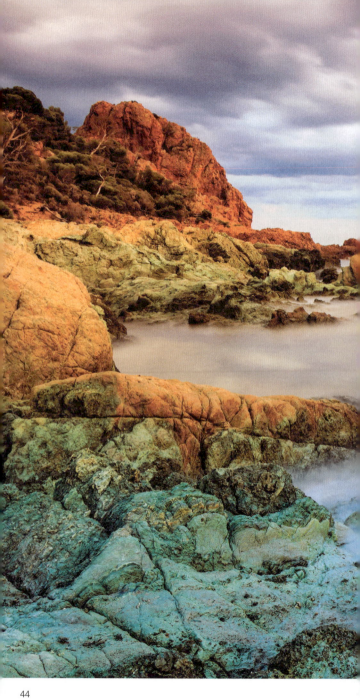

La Côte des Maures

Côte des Maures is de naam van de kuststrook tussen Bormes-les-Mimosas en de Golf van Fréjus. De naam verwijst naar de bijna 800 m hoge bergketen van het Massif des Maures achter de kust. Angstig dicht naderen de rotsen de waterkant. Tussen rode kliffen verschuilen zich witte zandstranden en onopvallende plaatsjes. In contrast daarmee maken Le Lavandou en Fréjus door de vele appartementencomplexen een wat opgeblazen indruk, maar door de lange, vlak aflopende zandstranden zijn ook deze plaatsen zeer geschikt voor gezinnen. Een uitzondering vormt, zoals altijd, het beroemde St-Tropez – waar altijd wat aan de hand is.

Bormes-les-Mimosas G 7

Dit mooie dorp (7700 inw.) aan de voet van het Massif des Maures komt in de winter tot bloei, als het hele plaatsje, van de burcht tot beneden in de straatjes geel ziet van de mimosa. Het jammere is alleen dat dit schoolvoorbeeld van een schilderachtig bergdorp in de zomer lijdt onder een bezoekersgolf van de 5 km verderop gelegen kust.

Goudglans in het stratendoolhof

In de barokke **St-Trophimekerk** glanzen de reliekhouders in mat bladgoud. De fresco's zijn fijnzinnig gerestaureerd. Rondom verdwaal je in een doolhof van straatjes, steegjes, trappen en pleintjes. Bij het stadhuis ligt het verrassende **Parc Gonzales**, een uniek groengebied met maar liefst 2400 Australische plantensoorten, waaronder mimosa. Elke weg leidt op een bepaalde manier bij het **château**: deze burchtruïne uit de 12e eeuw is niet te bezichtigen, maar het uitzicht vanaf de locatie over de daken is de weg erheen zeker waard.

Stijlvol Provençaals
Hostellerie du Cigoulou
Charmant hotel op een aantrekkelijke plek in het dorp, met in neoprovencelook vormgegeven kamers.
7, pl. Gambetta, tel. 04 94 41 51 27, www.hostellerieducigalou.com, 2 pk vanaf € 98

Hoteldinosaurus reloaded
Le Grand Hotel
Hotelkolos uit de belle époque boven Bormes-les-Mimosas, met prachtig uitzicht. Losse, familiaire sfeer. Keurige, eenvoudige kamers. Zwembad.
167, rte. du Baguier, tel. 04 94 71 23 72, www.augrandhotel.com. 2 pk vanaf € 70

Strandcamping
Camp du Domaine
Reusachtig complex in een 25 ha groot dennenbos – dat tot aan het strand reikt. Veel mensen, veel drukte!
Route de Benat, La Favière, tel. 04 94 71 03 12, www.campdudomaine.com, plaats voor 2 pers. incl. tent en auto afh. van het seizoen € 34-54

Speelgoedwinkel
La Tonnelle de Gil Renard
Provençaalse heerlijkheden onder een koel bladerdak – gepekelde zeebaars, *pieds et paquets* (gevulde lamspens). Gils vrouw Pascale heeft een deel van het huis als speelgoedwinkel in gebruik – pluchen dieren, windmolentjes en poppen doen kinderogen oplichten.
Pl. Gambetta, tel. 04 94 71 34 84, ma., di.-middag gesloten, okt.-mrt. ook di.-avond gesloten, www.restaurant-la-tonnelle.com, menu vanaf € 33

Dorpsidylle
Le Jardin
Vlak bij de St-Trophimekerk is het heerlijk toeven op het terras, in de schaduw van een pergola. De keuken past met zijn Provençaalse klassiekers bij de zuidelijke, vrolijke sfeer.
1, ruelle du Moulin, tel. 04 94 71 14 86, www.lejardinrestaurantbormes.com, ma. gesloten, juli–half sept. alleen 's avonds, formule € 19, menu € 35

Provençaalse fijnkost
Marché provencal
Een weelderige markt met alle heerlijkheden van de Provence.
Di. 8-13 uur, beneden in het dorp

Zoet, zoeter, zoetst
Pâtisserie del Monte
Zelfgemaakte chocolade, ijs (proef zeker de vijgensorbet!), gebak (amandelkoekjes!).
36, place du Pin, dag. 7-12.30, 15.30-19.30 uur (buiten het seizoen alleen wo., do. middag)

Wandelen
De GR 51 loopt van Bormes-les-Mimosas naar het Massif des Maures. Over de GR 90 bereik je Collobrières (5 uur).

Info en evenementen
Office de Tourisme: 1, pl. Gambetta, 83230 Bormes-les-Mimosas, tel. 04 94

La Côte des Maures ▶ Le Lavandou

Bormes-les-Mimosas? Of bedoel je Bormes-les-Bougainvillea!

01 38 38, www.bormeslesmimosas.com. **Bloemencorso:** febr., met mimosa, dat spreekt vanzelf.

IN DE OMGEVING

Bergdorpen in het Massif des Maures
In **La Garde-Freinet** (H 5) liggen de breukstenen huizen dicht rond de kerk. Het genootschap van de kastanjeboeren, aan de rand van het dorp, bevestigt wat je bij het zien van de kastanjebossen al vermoedde: La Garde-Freinet leeft van de kastanje (www.la-garde-freinet-tourisme.fr). Het burchtdorpsilhouet van **Grimaud** (H 5) verrijst 10 km verder naar het zuiden boven de wijnstokken. De straten aan de voet van de burchtruïne vallen op door hun gotische arcaden, een kerk uit de 11e eeuw en schaduwrijke pleinen. Verder is Grimaud van souvenirwinkel tot restaurant ingesteld op strandtoeristen (www.grimaud-provence.com).

Le Lavandou G 7

Le Lavandou was ooit een ingeslapen vissersdorp en volgt nu vanwege het door de Cap Bénat beschutte zandstrand zijn roeping als badplaats. Hotels rijgen zich aaneen, met als gevolg een daarmee samenhangende hoeveelheid beton. In de zomer verleent de drukte op de overvolle boulevard het geheel de onmiskenbare charme van Franse gezinsbadplaatsen.

Twaalfmaal naar het strand
Er is niet bijster veel te zien, afgezien van de mooie, inclusief fresco's gerestaureerde St-Louiskerk in de Rue Patron Ravello. Le Lavandou telt echter twaalf stranden, wat het tot *la station aux 12 sables* maakt. Van west naar oost gezien vormt het trendy **Plage l'Anglade** de opmaat. Familiair en direct voor de plaats gelegen is het **Plage du Lavandou**. Mijn persoonlijke favoriet is het **Plage de St-Clair**, vanwege de mooie golven, de bescheiden kustbebouwing en de rode rotsen voor het gele zand. Klein en alleen na een klimpartij over de kliffen bereikbaar zijn de zwembaaien **Jean-Blanc**, **Eléphant** en **Rossignol**. Dan volgt het mooie zandstrand van Cavalière, vervolgens het strand van de chique, exclusieve **Cap Nègre** en ten slotte het door rotsuitlopers omringde **Plage de Pramousquier**.

Waar de president gaat zwemmen – **aan de Cap Brégançon**

Er drijft een fort in het water, trots en onneembaar, zoals het de zomerresidentie van de Président de la République betaamt. Langs de kuststrook voor het versterkte eilandje aan de Cap Brégançon ziet de Côte d'Azur eruit zoals voor het beton zijn intrede deed. De Franse presidenten zijn de beste milieubeschermers!

De bliksembezoekjes van de Franse president hebben de verkwanseling van de kust van de Cap de Brégançon tot aan Port-de-Miramar verhinderd. Over een lengte van ca. 20 km loopt het geel gemarkeerde Sentier Littoral naar een zestal ongerepte stranden. Voor het gedeelte van het Plage du Fort de Brégançon (parkeerterrein!) tot het Plage Pellegrin moet je ca. 4 uur uittrekken.

Welk strand mag het zijn?

Het begin van de wandeling is de zand- en kiezelstrook van het **Plage du Fort de Brégançon** ❶, waarvan het eind wordt gemarkeerd door een paar pastelkleurige botenhuizen. Aan het lange **Plage de Cabasson** ❷, iets verderop, vind je zelfs een strandcafé met ligstoelenverhuur.

Ongerepte strandparadijsjes

Alleen over een kustwandelpad te bereiken en ver van het parkeerterrein verwijderd zijn de stranden **Plage du Grand Jardin** ❸ en **Plage de la Vignasse** ❹. Op het goudkleurige zand waan je je Robinson Crusoe. Het water is glashelder, bomen geven schaduw en het uitzicht op het Îlot de Jardin, een onbewoond eilandje, is betoverend. We blijven, in ieder geval voor een duik. Dan gaat het verder over rotsen, kliffen en zand, die elkaar afwisselen langs het sentier.

Op de Route des Rosés

Wie geen zin heeft in de wandeltocht: La Route des Rosés is een weggetje van La Londe-des-Mau-

Pompidou kwam vaak op het Fort de Brégançon, Chirac zelden, Sarkozy in gezelschap van Carla Bruni. Hollande werd er in een keurige lange zwembroek gezien – hij stelde het fort open voor bezoekers.

Aan de Cap Brégançon #6

res naar Cabasson, dat zich op gepaste afstand van de strandparadijsjes door wijngaarden, bossen en olijfbomen slingert. Zijn naam kreeg de als D 42a aangemerkte weg omdat de wijngoederen links en rechts van de asfaltbaan een uitstekende rosé produceren.

Van het wijngoed naar het strand

Een daarvan is het **Château de Brégançon** 1. De wijngaarden van dit landsheerlijke wijngoed werden in 1955 tot een *cru classé* uitgeroepen. En de rit naar het 475 m lange, witte **Plage de L'Estagnol** 5 is niet ver. Als je de auto eenmaal hebt geparkeerd, kom je meteen in een zuidelijke stemming, dankzij de blauwgroene lagune.

Zalmroze glanzen de dakpannen aan de Côte bij zonsondergang.

Onweerstaanbaar mooi is het door ronde torens geflankeerde **Château de Léoube** 2, waar een majestueuze palmenlaan naartoe voert. Nog altijd op het terrein van het wijngoed splitst de weg zich af naar het fijnzandige **Plage Pellegrin** 6. Voor de toegang ervan wordt een bijdrage gevraagd.

INFO EN OPENINGSTIJDEN

Office de Tourisme Bormes-les-Mimosas: (▶ blz. 46).
Fort de Brégançon: rondleidingen (2 uur) half juni-eind sept. 9.30-18.15 uur (poort open tot tot 16.15 uur), reservering bij het Office de Tourisme, € 10, tot 25 jaar gratis, www.fort-bregancon.fr.
Château de Brégançon 1: mei-okt. dag. 9-12.30, 13.30-19, nov.-apr. ma.-vr. 9-12.30, 13.30-17 uur, www.chateaudebregancon.fr
Château de Léoube 2: Pasen-1 nov. dag. 9-18, rest van het jaar ma.-za. 9-17 uur, www.chateauleoube.com.
Plage de L'Estagnol 5: apr.-juni, sept.-half okt. dag. 8.30-19, juli-aug. dag. 8.30-20 uur, auto € 10, fiets € 1.
Plage Pellegrin 6: Pasen-mei dag. 9-20, juni-sept. dag. 8-20 uur, auto € 10.

ETEN EN DRINKEN

Je zit blootsvoets onder een parasol, je vis pruttelt op een open houtskoolgrill en de rosé komt van de buren. Dat vind je alleen in het strandrestaurant **L'Estagnol** 1: Bormes-les-Mimosas, Route de Léoube, tel. 04 94 64 71 11, www.restaurant-lestagnol.fr, dag. Pasen-eind sept., menu ca. € 55.

Uitneembare kaart: G 7

La Côte des Maures ▶ Le Lavandou

🏠 Op de rots
Le Roc
Onder de fundamenten de kliffen, voor het raam de zee – de ligging doet het hem. De meeste kamers hebben een terras en uitzicht op zee.
St-Clair, 5, bld. des Dryades, tel. 04 94 01 33 66, www.roc-hotel.com, eind mrt.-half okt., 2 pk vanaf € 88

🏠 Aan het zandstrand
La Méditerranée
Moderne, lichte kamers direct aan het strand. Prettige sfeer.
St-Clair, Plage de St-Clair, tel. 04 94 01 47 70, www.hotel-med.fr, 2 pk vanaf € 105

🍴 Bouillabaisse-legende
Les Tamaris – Chez Raymond
Een legende, als het om bouillabaisse gaat. Die wordt boven open houtvuur bereid. Achter het restaurant ligt het hotel, een gebouw uit de jaren 70 met nette kamers en een grote tuin.
St-Clair, Plage de St-Clair, tel. 04 94 71 02 70, www.hoteltamaris.fr, di., behalve half juni-half sept. 's avonds gesloten, half nov.-half mrt. wegens vakantie gesloten, bouillabaisse € 70, menu à la carte ca. € 40, 2 pk vanaf € 85

🍴 Onder vrienden
Maurin des Maures
De jofele eigenaar Dédé is een grootheid aan de Corniche des Maures, te herkennen aan zijn witte *moustache*, witte bos haar en witte overhemd. Voor de bouillabaisse is Dédé persoonlijk verantwoordelijk. Hij is overdadig en stevig, zoals een *bouillabaisse des copains* hoort te zijn, een die je met vrienden deelt.
Le Rayol-Canadel-sur-Mer, Avenue du Touring Club, tel. 04 94 05 60 11, half nov.-half dec. 's avonds gesloten, menu vanaf € 23, bouillabaisse € 62,50, www.maurin-des-maures.com

🍴 Herboren
Le Relais des Maures
Dit in 1876 opgerichte hotel was een beetje ingedut, tot Cathérine en Didier Carlier er verliefd op werden – een gelukje voor de gasten. Vriendelijke kamers, de mooiste met balkon. Op de kaart staan zonnevis met citroenkorst en kruiden en banon (kaas) met zelfgemaakte confiture.
Le Rayol-Canadel-sur-Mer, Avenue Charles Koecklin, tel. 04 94 05 61 27, www.lerelaisdesmaures.fr, restaurant juli-aug. 's middags, anders zo.-avond en ma. gesloten, nov.-febr. wegens vakantie gesloten. 2 pk vanaf € 85, vakantiehuis voor 2-6 pers. vanaf € 1100/week, menu € 32

🚴 Fietsen
De **Piste cyclable du Littoral** (kustfietspad) is in totaal 72 km lang (van Toulon naar St-Raphael). Hoogtepunt is het gedeelte langs de Corniche des Maures van Le Lavandou tot La Croix-Valmer.
Je kunt fietsen en scooters huren bij Blue Bikes, 1, avenue du Président-Auriol, tel. 04 94 15 19 99, www.bluebikes.fr

ℹ️ Info en evenementen
Office de Tourisme: Quai Gabriel-Péri, 83980 Le Lavandou, tel. 04 94 00 40 50, www.ot-lelavandou.fr.
Bus: bussen naar Hyères, Toulon, vanuit alle plaatsen aan de Corniche des Maures, www.varlib.fr.
Veerboten: naar de Iles Port Cros en du Levant vanaf de Quai Gabriel Péri. Vedettes Iles d'Or, tel. 04 94 71 01 02, www.vedettesilesdor.fr.

....
IN DE OMGEVING
....

Langs de kustweg surfen
Van Le Lavandou tot Cavalaire-sur-Mer slingert zich de **Corniche des Maures** (📖 H 6/7), een van de wildste, meest bochtige kustwegen van de Côte d'Azur. Rode kliffen worden afgewisseld door fijne zandstranden, parasoldennen brengen schaduw in de kustdorpen. Villa's liggen tussen de begroeiing van palmen en mimosa verscholen. In Le Rayol splitst zich een zijweg landinwaarts af naar de Col du Canadel en daarmee het Massif des Maures in.

Je tuingeluk vinden
De botanische tuin **Le Domaine du Rayol** (📖 H 6) loopt tot aan de zee. In de jaren 30 liet de industrieel Henri Potez meer dan vierhonderd exotische

La Côte des Maures ▶ St-Tropez

rariteiten aanplanten. Veel was er van de bloemenpracht rond de art-decovilla na decennia lange verwaarlozing niet over, toen in 1989 de gemeente hem kocht. Sindsdien heeft de befaamde tuinarchitect Gilles Clément het park als 'Middellandse Zeetuin' met geografische zwaartepunten (Chili, Zuid-Afrika, Californië) opnieuw aangelegd. Het Domaine du Rayol lokt bovendien met klassieke openluchtconcerten in juli/aug., tuinfeesten in elk seizoen en workshops rond tuinthema's het hele jaar door. Vergeet ook niet het Café des Jardiniers, met een lichte, vernieuwende mediterrane keuken (menu ca. € 24, 's middags, alleen voor bezoekers).

Tel. 04 98 04 44 00, www.domainedurayol.org, dag. jan.-mrt., nov.-dec. 9.30-17.30, apr./mei, sept./okt. 9.30-18.30, juli/aug. 9.30-19.30 uur, incl. audioguide en rondleiding (facultatief) € 12

St-Tropez 🗺 J 5

In de haven brengen de rode Ferrari's en de reusachtige witte jachten je terug in de realiteit. Ervóór ben je getuige van een modeshow van de beautifull people van deze wereld. Een beetje minder kennen ze hier niet. Understatement? Onbekend! Heel St-Tropez (4500 inw.) is in de zomer een 'grande fête'. In de bars kun je de Taylor-Swift- en Ryan-Gosling-lookalikes van die zomer zien. Ze komen uit Bremen of Southampton naar de Zuid-Franse showroom van de prominenten uit de film, de high society en de financiële wereld. Wie, geld, mooie kleren en een goed lichaam heeft mag meedoen. Wij, de anderen, kijken graag toe. Of we vluchten naar de stillere straatjes, waar St-Tropez nog een mooi vissersdorp is.

Van de markt naar de kade lopen

Platanen werpen hun schaduw op de bedrijvigheid van de markt (di., za.) op de **Place des Lices**, die op andere dagen toebehoort aan jeu-de-boulespelers en cafébezoekers. Een smalle straat, de **Rue Georges Clemenceau**, waar de ene winkel de andere opvolgt, verbindt het plein met de **Quai Suffren**. Voor het beeld van de gelijknamige zeeheld schommelen protserige jachten en hypermoderne speedboten in de haven. Als je links omhoogkijkt in de Quai de l'Epi, geeft een groepje dennen de plaats aan het **Musée de l'Annonciade** aan. Sinds 1955 worden in deze voormalige kapel de werken van kunstenaars getoond

> **N NOG WAT**
>
> De opkomst van St-Tropez begon in de zomer van 1956, toen Roger Vadim en Brigitte Bardot er *Et Dieu…créa la Femme* opnamen. Deze film maakte de blondine, blootsvoets in haar onvermijdelijke BB-ruitje gekleed, tot een tot twee hoofdletters gereduceerde ster – en St-Tropez tot het trendy trefpunt van de Côte d'Azur.

die in St-Tropez hun inspiratie vonden. Enkele schilderijen zijn wereldberoemd, bijv., Braques' *Paysage de l'Estaque*, Bonnards *Nu devant la Cheminée* of Matisses *Gitane* (juli-okt. dag. 10-13, 15-19, anders di.-zo. 10-12, 14-18 uur, nov. gesloten, € 6). In zonnegeel en fuchsiarood steekt de kerktoren boven de al net zo kleurrijke huizen uit van de ertegenover liggende **Quai Jean Jaurès.** Aan de iets naar achteren gelegen **Place aux Herbes** wordt 's ochtends de vismarkt gehouden onder schaduwrijke arcaden en voor muurschilderingen uit de jaren 50.

De citadel bestormen

De zeshoekige **citadel** 2 bewaakt sinds 1583 de Golf van St-Tropez. In ieder geval bij het uitzicht op de dakpannen en de zee moet je inzien dat de zon nergens anders zo goudgeel, de zee zo diepblauw en de dennen zo sappig groen oplichten

ST-TROPEZ

Bezienswaardig
1. Musée de l'Annonciade
2. Citadel
3. Musée d'Histoire maritime
4. Tour du Portalet
5. Vissershaven La Ponche
6. Château Suffren
7. Cimetière marin
8. Musée de la Gendarmerie et du Cinema

Overnachten
1. B. Lodge
2. Le Colombier
3. Lou Cagnard

Eten en drinken
1. Napoléon
2. La Table du Marché
3. Le G'
4. La Maison des Jumeaux

Winkelen
1. Atelier Rondini
2. Les Galéries Tropéziennes
3. Marché Provençal

Uitgaan
1. Le Sénéquier
2. Café de Paris
3. Le Bar du Port
4. Les Caves du Roy
5. VIP Room

Sport en activiteiten
1. Bouillabaisse-strand
2. La Ponche
3. Les Graniers
4. Ramatuelle

La Côte des Maures ► St-Tropez

als hier! (zomer 10-18.30, winter 10-17.30 uur, laatste toegang halfuur voor sluiting). In de citadel herinnert het **Musée d'Histoire maritime** 3 aan de roemrijke zeevaartgeschiedenis van de plaats (apr.-sept. dag. 10-18.30, anders 10-12.30, 13.30-17.30 uur, € 3): St-Tropez wist zich altijd te verdedigen en versloeg in 1637 zelfs een vloot van 21 Spaanse galeien, waaraan het luidruchtige volksfeest Bravade, inclusief processie, in juni herinnert. Daaraan vooraf gaan de belangrijker mei-Bravade ter ere van de patroonheilige van de stad, een driedaags spektakel met historische kostuums.

Op zoek naar de ziel van St-Tropez in de oude stad
De **Tour du Portalet** 4 bij de toegang tot de pier beschutte ooit als deel van de stadsmuren de smalle baai **La Glaye**, waarachter de achter een vooruitstekende rots verborgen **oude vissershaven La Ponche** 5 ligt. Representatief centrum van de kronkelige oude stad is de vergeleken met de smalle straatjes ruimbemeten **Place de l'Hôtel de Ville**. Bij het imposante **Château Suffren** 6 biedt een door de graven van de Provence in 990 gebouwde toren tegenwicht aan het kolossale Hôtel de Ville. Neem voor je naar het nabijgelegen **Plage de Graniers** gaat, even een kijkje op het zeeliedenkerkhof. Alle plaatselijke oude families onderhouden op het **Cimetière marin** 7 hun graven, met uitzicht op de nabije Canébiers-baai en het Estérelmassief (dag. 8-17, juni-aug. tot 20 uur).

OVERIGENS

Dat pastelkeurige gebouw van de Gendarmerie Nationale ... komt dat je niet bekend voor? Inderdaad, hier heeft Louis de Funès als doorgedraaide *La Gendarme de St-Tropez* (1964) gewerkt. Aan die druktemaker en andere in St-Tropez opgenomen films herinnert het **Musée de la Gendarmerie et du Cinema** 8 – in het gebouw van de voormalige Gendarmerie Nationale (2, place Blanqui, dag. 10-17.30 uur, € 4).

in het zwembad, kale natuursteen in de kamers en zwart-witfoto's zetten de nuchtere toon. En hoe hoger de kamer ligt, hoe goedkoper hij is.
23, rue de l'Aioli, tel. 04 94 97 06 57, www.hotel-b-lodge.com, 2 pk vanaf € 110

Hideaway
Le Colombier
Goede kamers, mooie tuin, ontspannen sfeer – alleen per telefoon reserveren. Gaat ook heel goed.
Impasse des Conquettes, tel. 04 94 97 05 31, www.lecolombierhotel.free.fr, 2 pk vanaf € 95

Authentiek
Lou Cagnard 3
Leuk adres met vrolijk gekleurde, Provençaals ingerichte kamers. Ontbijtterras met moerbei- en vijgenbomen.
18, avenue Paul-Roussel, tel. 04 94 97 04 24, www.hotel-lou-cagnard.com. 2 pk vanaf € 87

ETEN, SHOPPEN, SLAPEN

🏠 Overnachten

Hoe hoger, hoe beter
B. Lodge
Wilde wijnranken groeien tegen de balkons omhoog. Door de lamellen van de houten luiken valt het ochtendlicht de kamer in, terwijl het beneden op het terras naar croissants geurt. Kaal beton

🍴 Eten en drinken

Culinaire veroveringen
Napoléon 1
Zelfs Bonaparte had niet beter kunnen eten: met Franse heerlijkheden als Charolais-rund uit Bourgondië en bijzondere kreeftspecialiteiten worden de smaakpapillen verwend.

53

La Côte des Maures ▶ St-Tropez

Poedeltje, getrimde yorkshireterriër en een luipaardpatroon: apart! Aan de Cote d'Azur lopen elke zomer niet alleen badgasten rond, maar ook veel vips en mensen die dat willen zijn.

3, rue des Tisserands, www.napoleon-saint tropez.com, tel. 04 94 97 59 62, mrt.-half nov. alleen 'a avonds geopend. A la carte ca. € 50

Elk moment van de dag
La Table du Marché ❷
Ontbijt vanaf vanaf 7.30, lunch 12.20-15, diner vanaf 19 uur en tussendoor *Salon de thé* – Christophe Leroy verzorgt zijn gasten vrijwel de hele dag. Nog iets vergeten? O ja, er zit nog een delicatessenwinkel op de begane grond.
11, rue des Commercants, tel. 04 94 97 02 58, www.christophe-leroy.fr/la-table-du-marche-saint-tropez, menu € 32

Bar à vins
Le G' ❸
Leuke bistro, die tegelijk wijnbar is, met een schoolbord voor het menu, open wijnen en een smakelijke keuken.
67, rue du Portail Neuf, tel. 04 94 79 85 09, zo. middag gesloten, menu € 17 (lunch) € 36

Provence op tafel
La Maison des Jumeaux ❹
Typisch Provençaals gebouw met groene luiken en regionale klassiekers op de kaart, van *petits farcis* tot lam in tijmsaus.
20, rue Etienne-Berny, tel. 04 94 97 42 52, www.lamaisondesjumeaux.com, apr.-nov., juli-aug. 's middags, dvaarbuiten ma. gesloten

🛍 Winkelen

Sandalen
Atelier Rondini ❶
Platte *sandales tropéziennes* om je zongebruinde voeten volop te showen, sinds 1927.
18, rue Georges Clémenceau, www.rondini.fr

Strandbenodigdheden en meer
Les Galéries Tropéziennes ❷
Vroeger een *bazar pratique*, nu eerder een *bazar chic* voor strandmode, huishoudelijke artikelen, servies. Sinds 1903!
82, rue Gambetta, ma.-za. 10-13, 15-19 uur

Grote markt
Marché Provençal ❸
Tweemaal per week is het hier druk – dan is het weekmarkt, met delicatessen- en boerenkramen.
Pl. des Lices, di. en za.

La Côte des Maures ▶ St-Tropez

Uitgaan

Klassieker
Le Sénéquier ❶
Van oudsher het podium voor amateurartiesten in St-Tropez. Steeds weer afgeschreven, maar nog altijd actueel. Rond borreltijd stampvol.
Quai Jean Jaurès, www.senequier.com, Allerheiligen-Kerstmis gesloten, 9-20 uur

Een vleugje Parijs
Café de Paris ❷
Lange toog, rood pluche – en we gaan nog niet naar huis. Dat al sinds 1930.
Quai Suffren, www.cafedeparis.fr, dag. 10-24 uur

Trendy
Le Bar du Port ❸
Gestylde designbar aan de haven, zoals de naam al zegt. Onlangs door de Catalaanse binnenhuisarchitecte Rosa Violán volgens de nieuwste trends vormgegeven, en sindsien ook brasserie (formule € 22).
7, quai Suffren, www.barduport.com, dag. 7-3 uur

Viptrefpunt
Les Caves du Roy ❹
Disco met een vippubliek en genadeloos toelatingsbeleid. Al vijftig jaar een doorslaand succes.
Avenue Paul Signac, www.lescavesduroy.com, juli/aug., dag. 23-5 uur, apr.-begin okt., vr./za.

Tot het ochtendgloren
VIP Room ❺
De disco, waarin je doorgaat en waar je gezien moet worden. Nog strengere controle aan de deur.
Résidence du Nouveau Port, www.viproom.fr, juli/aug. 21-5 uur

Sport en activiteiten

Zwemmen en zonnen
Het **Bouillabaisse-strand** ❶ aan de rand van de stad, richting Ste-Maxime is ontmoetingsplaats van de surfgemeenschap. **La Ponche** ❷ is het kleine zandstrand bij de oude visserswijk van de oude stad. Ook **Les Graniers** ❸ ligt vlakbij, om precies te zijn aan de voet van de citadel en het visserskerkhof, maar is wegens de nabijheid van de stad in het seizoen stampvol. Het **Plage des Salins** (4 km oostelijk), tussen de Pointe des Salins en Pointe du Capon, is echter doorgaans wel rustig. St-Tropez' trendy stranden behoren officieel al tot **Ramatuelle** ❹. Daar liggen de door hippe clubs bediende stranden **Tahiti** en nog meer het **Plage de Pampelonne**. Meer naar het zuiden volgen dan nog de iets rustiger stranden **Escalet** en **La Briande**.

Wandelen
Het **Sentier Littoral** is een 20 km lang kustwandelpad rond het schiereiland van St-Tropez, dat langs de stranden van de **baai van Pampelonne** voert. De eindbestemming is de vuurtoren op de **Cap Camaret**.

(Wrak)duiken
Rond het schiereiland van St-Tropez ligt een tiental wrakken in het water, waaronder de in 1918 gezonken vrachtboot

Om bij de stranden het overzicht te behouden, zou je eerst een verkenningstocht moeten maken. Elk strand is een koninkrijkje op zich, met elk zijn eigen herkenningsmelodie van Barry White of Lana Del Rey. Trots pronkt men op zijn badhanddoek met het herkenningsteken: twee reddingsboeien voor het Plage des Jumeaux, een Zuidzeetotem voor het Plage de Tahiti. Met nog trotsere blik kijken de vaste bezoekers neer op de nomaden die doelloos langs de kust dwalen. Door de zonnebril heen is de afkeuring merkbaar.

#7

In het kastanjebos – door het Massif des Maures

Op het wandelpad van het kastanjedorp Collobrières naar het karthuizerklooster La Verne gaat het door de eeuwenoude kurkeiken- en kastanjebossen van het Massif des Maures. Maouro is het Provençaalse woord voor donker hout – bedoeld worden de dichte bossen die het bergmassief overdekken.

Mmmm! Kastanjes!

Eetbare kastanjes vormen al eeuwenlang de rijkdom van het Massif des Maures. **Collobrières** 1, de hoofdstad van het Massif, is meteen ook het charmante kleine centrum van de kastanjes, die hier geglaceerd of als *purée* worden verkocht. Hobbelige straatjes, een oude stenen brug over de dorpsbeek en de verweerde ruïne van de St-Ponskerk geven de *Capitale des Maures* een al generaties lang onveranderd aanzien. Het leven gaat onder de reusachtige platanen langs de Boulevard Lazare Carnot en de Place de la Libération zijn gangetje.

Het **Hôtel Notre Dame** 1 (15, avenue de la Libération, tel. 04 94 48 07 13, www.hotel-collobrieres.com, 2 pk vanaf € 98) in Collobrières is niet alleen een ontspannen designhotel in een oud gebouw, waar je je bij het ontbijt op het terras boven de ruisende Réal Collobrier voor de wandeling kunt versterken, of na de wandeling in het zwembad kunt ontspannen. De ontvangst is ook nog eens koninklijk – en de veelzijdige eigenaresse Nili kent haar talen.

Door de bossen naar het licht

Het pad naar de Charteuse de la Verne begint achter de ruïne van de St-Pons en volgt in het begin het langeafstandspad GR 90 (rood-witte balken). Slechts af en toe kom je een gehucht tegen in de dichte bossen. Na ruim 1 uur opent zich in het bos de grasvlakte van het **Plateau Lambert** 2. Opeens fonkelend licht. Twee menhirs uit het neolithicum verrijzen op de bergweiachtige vlakte. Vroeger behoorde het land aan de monniken van de Chartreuse de la Verne. Sinds 1946 is het eigendom van het nationale bosbeheer ONF, dat enkele jaren geleden een jong schaapherderspaar heeft ingehuurd.

Naar het kartuizerklooster

Het hoogtepunt van de wandeling duikt na nog twee uur ingespannen wandelen op als een roodbruine murenrij boven het groene bos:

Door het Massif des Maures *#7*

de **Chartreuse de la Verne** 3. Door het barokke, van groen glanzende leisteen opgetrokken hoofdportaal uit 1736 betreed je het imposante complex van het kartuizerklooster, waarvan de monniken bijna duizend jaar geleden de eerste kastanjebomen in het Massif des Maures zouden hebben geplant. Het oudste deel is *le petit cloître* met de restanten van een romaanse kerk uit 1174. Het pas in de afgelopen decennia weer opgebouwde *grand cloître*, met de cellen van de kartuizers eromheen en de graven van de monniken op het kloosterhof, huisvest de orde van de Monastieke Familie van Betlehem, Maria Ten-Hemel-Opgenomen en de Heilige Bruno.

Via de ruïne van het gehucht Le Grand Noyer loop je in een bocht naar het zuiden in nog eens 3 uur weer naar het Plateau Lambert en vervolgens weer naar Collobrières.

K KASTANJE

Wandelaar, als je naar, Collobrières komt, breng dan een bezoek aan de **Confiserie Azuréenne**. Want de *Crème de marron*, geglaceerde kastanjes, kastanjelikeur en kastanjeijs zijn er onnavolgbaar (www.confiserieazureenne.com). Je kunt ook op een van de drie laatste zondagen van okt. naar het **Fête des châtaignes** gaan, waar alles draait om kastanjes, incl. markt en muziek.

INFO EN OPENINGSTIJDEN
Office du Tourisme Collobrières: Boulevard Caminat, tel. 04 94 48 08 00, www.collobrieres-tourisme.com.
Chartreuse de la Verne: juni-aug.11-18, rest van het jaar wo.-ma. 11-17 uur, € 6,50.
Wandeling: lengte 29,5 km, 1313 hoogtemeters, duur 10 uur.
Wandelkaart: IGN Nr. 3445 OT en 3544 OT, 1:25.000, www.ign.fr.

ETEN EN DRINKEN
La Petite Fontaine 1: Place de la République, tel. 04 94 48 00 12, zo.- en feestdagen 's avonds en ma. gesloten, menu € 26-32. De verfrissende, authentieke dorpsbistro in Collobrières bestaat al heel lang. De wijn komt uit de plaatselijke genootschapskelder en de *daube provençale* en *tarte aux pommes* met kastanjecrème zijn verrukkelijk.

Uitneembare kaart: G 6

La Côte des Maures ▶ Ste-Maxime

Togo. Dat is het duikgebied van de **European Diving School**. Een betaalbaar onderdak vormt de met de duikschool verbonden camping Le Kon-Tiki.
Plage de Pampelonne, tel. 04 94 79 90 37, www.europeandiving.com

INFO

Office de Tourisme: Quai Jean-Jaurès, 83990 St-Tropez, tel. 08 92 68 48 28, www.sainttropeztourisme.com.
Bus: Gare routière, Av. Général de Gaulle. Verbindingen met Ste-Maxime, St-Raphaël, Ramatuelle, Gassin, www.varlib.fr.
Boot: Les Bateaux verts, www.bateauxverts.com, steiger in de Vieux Port. Veerboten naar Ste-Maxime (febr.-Allerheiligen), Port-Grimaud, St-Raphaël (apr.-okt.) en Cannes (juni-okt.).

EVENEMENTEN

La Bravade: 16-18 mei. Processie met Provençaalse kerkzang, kostuums en klederdracht.
La Bravade des Espagnols: half juni Volksfeest ter herinnering aan de verdrijving van de Spanjaarden in 1637.
Les Voiles de St-Tropez: eind sept., www.lesvoilesdesaint-tropez.fr, belangrijke zeilwedstrijd.

IN DE OMGEVING

Presqu'île de St-Tropez
Het schiereiland van St-Tropez is een paradijsje op aarde, met wijnstokken, bossen en pittoreske dorpen als **Ramatuelle** (📖 J 6). Versierd met geraniums ligt dit vestingdorp op een plateau. Straatjes vertakken zich rond het dorpsplein. Achter Ramatuelle markeren de **molens van Paillas** (📖 J 6) het hoogste punt van het schiereiland (325 m). Bij goed zicht kun je de Iles d'Hyères en de toppen van het Massif des Maures zien (www.ramatuelle-tourisme.com). Het volgende dorp, **Gassin**

(📖 H 6), draagt de eretitel 'een van de mooiste dorpen van Frankrijk'. De Place des Barrys met zijn terrassen en panorama, de romaanse dorpskerk en de verdedigingsbolwerken rechtvaardigen die titel (www.gassin.eu).

Ste-Maxime 📖 J 5

Het kleine zusje van St-Tropez overtuigt met een mengeling van platanen, jeu-de-boulespelers, cafés, haven en strand. Over de baai heen kijk je op St-Tropez, dat met zijn mondaine chic weinig met deze badplaats gemeen heeft. Toch heeft Ste-Maxime (13.500 inw.) kennelijk iets, want het inwonertal is in twintig jaar verdrievoudigd.

Het oude dorp verkennen ...
Een belangrijke bezienswaardigheid is de **Tour carrée** uit de 16e eeuw, bedoeld als vluchtplaats bij piratenovervallen. Nu huisvest het vierkante bouwwerk het kleine **Musée des Traditions locales** met een collectie Provençaalse kostuums en gebruiksvoorwerpen (Place Mireille-de-Germond, wo.-zo. 10-12, 15-18, 's zomers tot 19 uur, € 2,50). Achter de toren verschuilt zich de **parochiekerk**, met een altaar van wit marmer (17e eeuw), dat ooit toebehoorde aan het kartuizerklooster La Verne in het Massif des Maures. Leuk is de overdekte **markthal** (Marché couvert, dag. behalve ma., juni-sept. dag.) in de Rue Fernand Bessy, en de verkeersvrije straten nodigen uit tot eindeloos slenteren.

... en de stranden
In het westen vormt het **Plage de la Croisette**, met zijn zeilschool, de opmaat. De **stranden direct voor de plaats** zijn drukbezocht en reiken tot aan de haven. Er volgt een baai, de **Calanque La Mardrague**, die ook populair is bij duikers en snorkelaars. Achter de Cap des Sardinaux ligt het zandstrand van **La Nartelle**, met restaurants en verhuur van ligbedden.

La Côte des Maures ▶ Ste-Maxime

Dan volgt ten slotte het weer veel rustiger **Plage des Eléphants**.

🏠 Vol charme en stijl
Royal Bon Repos
De naam klinkt wat overdreven, maar verder klopt alles: de centrale ligging, het oude parket, het Provençaalse meubilair, de mooie kamers.
11, rue Jean-Aicard, tel. 04 94 96 08 74, www.hotelroyalbonrepos.fr, 2 pk vanaf € 89

🏠 Nomen est omen
La Plage
Heeft vriendelijke kamers aan de strandzijde, waarvan dit moderne hotel alleen door de kustweg is gescheiden.
36, avenue Général Touzet-du-Viguier, OT La Nartelle, tel. 04 94 96 14 01, www.hotel-plage-ste-maxime.com, 2 pk vanaf € 87

🏠 Tent aan het strand
Camping Les Cigalons
Brede zandstranden, supermarkt, restaurant en bar – wat heb je nog meer nodig? Ook verhuur van bungalows. En nog wat: de golfbaan van Ste-Maxime ligt er vlakbij.
34, avenue du Croiseur leger le Malin, OT La Nartelle, tel. 04 94 96 05 51, www.camping-cigalon.net, 2 pers, tent, auto vanaf € 18,50

🏠 Mooi strandverblijf
Hotel Cap Riviera
Leuke, kleurrijke kamers, familiaire sfeer en de zee glinstert direct aan de overkant, aan het Plage du Grand Boucharel. Tip: kamers aan de binnenplaats zijn stiller dan die aan de voorkant.
21, rue de Claviers, tel. 04 94 81 21 42, www.hotelcapriviera.com, half apr.-half okt., 2 pk vanaf € 72

🍴 Kleine, fijne bistro
Le Bistrot Paul
Ligt in de verkeersarme voetgangerszone en is te midden van de vele middelmatige restaurants een veilige haven. Op de kaart staan kalfszwezerik met morieljes en half gegaarde blauwvintonijn.
54, rue Paul-Bert, tel. 04 94 56 98 30, www.lebistrotpaulbert.fr, dag., menu € 32

🍴 Zonder gekkigheid
Le Chante-Mer
Achter het strand een terras met hibiscus en ficus, een keuken die wordt bepaald door het marktaanbod, en een kok voor wie 'zelfgemaakt' een erezaak is.
Le Village Provencal, Les Issambres tel. 04 94 96 93 23, www.chantemer.com, ma., di. gesloten, juli-aug. ma. middag, di. middag gesloten, menu € 28

🍴 Pionier
Le Café de France
Bestaat al sinds 1852 en is een bastion van de plaatselijke bevolking met veel sfeer.
2, place Victor Hugo, tel. 04 94 96 18 16, dag., formule lunch door de week € 14, dagschotel ca. € 20

ℹ️ Info
Office de Tourisme: Promenade Simon Lorière, 83120 Ste-Maxime, tel. 04 94 55 75 55, www.sainte-maxime.com.
Bus: bussen naar Grimaud, St-Tropez, Les Issambres, St-Aygulf, Fréjus, www.varlib.fr.
Boot: Les Bateaux Verts, veerboten naar St-Tropez (15 min.), apr.-okt. enkele malen per dag, naseizoen 1-2 x per dag, www.bateauxverts.com.

IN DE OMGEVING

Langs de kust slingeren
De rijksweg N 98 loopt vlak langs de door calanques, zandstranden en rotsuitsteeksels afgewisselde kust. In het achterland ziet het Massif des Maures er niet meer zo dreigend uit, en is vanaf de **Cap des Sardinaux** (📖 J 5) met het Massif de l'Estérel de volgende bergketen al in zicht.
Val d'Esquières en **Les Issambres** (📖 J 5) met zijn calanques stellen een ongecompliceerde strandvakantie in het vooruitzicht (www.roquebrunesurargens.fr). Bij **St-Aygulf** (📖 J 5) staan de door rietkragen omzoomde meren aan de monding van de Argens onder natuurbescherming (www.saint-aygulf-tourisme.fr).

Schildpaddenopvang – Le Village des Tortues

Toen de Engelse bioloog David Stubbs in 1986 een studie naar de Griekse landschildpad publiceerde, spitste Bernard Devaux zijn oren. De dierenfilmer stichtte met de Brit een hulporganisatie voor de met uitsterven bedreigde schildpadden. Dat leidde in 1988 tot de opening van Le Village des Tortues.

Centraal staat hier *Eurotestudo hermanni*, de Griekse landschildpad. Het dier met zijn geel-zwarte tekening komt alleen nog in delen van het departement Var voor, en hier vooral in de bossen van het Massif des Maures, en op Corsica.

In de ziekenboeg

De **Clinique des Tortues** is het eerste gebouw voorbij het toegangspaviljoen; het dient ook als winkel voor souvenirs of gadgets met schildpadmotief, maar ook voor serieuze schildpadboeken. In de kliniek worden rond de driehonderd dieren per jaar behandeld. Is bijvoorbeeld het schild beschadigd dan wordt dat met kunsthars gelijmd. Als het dier geheeld is, komt het in een van de omheinde delen van het 2 ha grote terrein.

In de meeste hokken zijn de schildpadden gescheiden naar geslacht. Het gaat er hier ten slotte niet om met de dieren te fokken. Alle schildpadsoorten eten hetzelfde: sla is het belangrijkste voer. Ook wat de winterslaap betreft is er nauwelijks onderscheid: van oktober tot maart heerst er rust onder het schild.

Schildpadden als model

Hoe het er onder het pantser van een schildpad uitziet, laat een **model** zien. De longen liggen boven tegen het schild aan – als het dier op de rug ligt, dreigt het te stikken. Ze kunnen zichzelf gelukkig omdraaien. Verder zijn waterschildpadden vleeseters en daardoor agressief; landschildpadden zijn vegetariërs en onschadelijk.

OVERIGENS

Heb je er al eens over nagedacht om een schildpad te adopteren? Voor € 40 kun je peetouder van een schildpad worden die dan een door jou gekozen naam draagt. Of word je liever *écovolontaire*? Gevraagd worden vrijwilligers die 2-8 weken in het Village des Tortues willen helpen voor kost en onderdak. Je moet minstens 18 jaar zijn en een beetje Frans spreken.

Mooi, maar ze bijten!

Waterschildpadden van de soort *Mauremys leprosa* doen met hun gespleten schild denken aan leprapatiënten; schoonheid is niet hun ding. Bij **bassin 12** kunt je beter een beetje uit de buurt blijven. De daarin gehouden Amerikaanse alligatorschildpadden gelden als rabiate jagers die gerust een hand kunnen afscheuren. De leopardschildpadden in **bassin 14** doen hun Oost-Afrikaanse herkomst eer aan met een schildpatroon dat lijkt op de huid van een katachtige.

Voorouderonderzoek

Sinds ongeveer 230 miljoen jaar bevolken schildpadden onze planeet. Hoe hun ontwikkeling verliep, van de tijd van de dinosauriërs tot aan het ontstaan van de Rivièra, toont het paleonthologische **parcours**: modellen van de eerste schildpadden maken van de rondgang een soort 'Maurassic Park', in het bijzonder gewaardeerd door kinderen.

Wat onbeleefd! Het lijkt erop dat de jonge schildpadden nog moeten leren op hun beurt te wachten.

In de kinderkamer

In **bassin 20** zijn voor het eerst mannelijke en vrouwelijke Griekse landschildpadden binnen één omheining, het *enclos de reproduction,* verenigd. Het doel is natuurlijk: nageslacht! Een Griekse landschildpad heeft ten minste een jaar of tien nodig om volwassen te worden. **Bassin 26** staat op de warmste plek van het terrein en is ideaal voor het bewaren van de eieren totdat de jongen eruit kruipen.

INFO EN OPENINGSTIJDEN
Le Village des Tortues: Gonfaron, 2,5 km buiten het dorp, aan de D 75, richting Les Mayons, tel. 04 94 78 26 41, www.villagetortues.com, mrt.-sept. dag. 9-19 uur, afh. v.h. seizoen volwassenen 8-12,50, kinderen € 6-8.

ETEN EN DRINKEN
Ferme-Auberge der Domaine de La Fouquette: Les Mayons, tel. 04 94 60 00 69, www.domainedelafouquette.com, apr.-mei, sept., okt. zo.- en feestdagen, juni-aug. za.-avond, zo.-middag, menu € 28, wijn van de hoeve € 14. Op een steenworp afstand van het schildpaddendorp. Heerlijk: konijn met bonenkruid, eendenconfit, anchoiade. Pas op: je moet wel reserveren! Dat geldt ook voor de drie chambres d'hôtes.

Uitneembare kaart: G 5

Fréjus J 4

Fréjus (52.000 inw.) heeft drie gezichten: je hebt Fréjus-Plage en Fréjus-Port direct aan zee, en de oude stad in het binnenland. Lange goudkleurige zandstranden en een jachthaven met appartementencomplexen in pseudomediterrane stijl laten er geen twijfel over bestaan dat Fréjus zich richt op het massatoerisme. Bovendien is het een plaats met veel geschiedenis. Want de eigenlijke bezienswaardigheden zijn de Romeinse ruïnes in en aan de rand van de oude stad, die Fréjus de titel 'Pompeii van de Provence' heeft opgeleverd.

Over Romeinse fundamenten wandelen

De zichtbaarste herinnering aan de Romeinse stad zijn de ruïnes van het **amfitheater** (Rue Henri Vadon, di.-zo. 9.30-12.30, 14-18, okt.-apr. slechts tot 17 uur, € 2). Restanten van het antieke **theater**, een **aquaduct** (Avenue du 15e Corps-d'Armée, 2 km buiten de stad, richting Cannes), de **stadsmuren**, de verzande **haven** en nog meer rond de huidige stad verspreid gelegen ruïnes tonen aan dat de antieke stad veel groter was dan het Fréjus van nu.

De middeleeuwse bisschopsstad verkennen

Het middeleeuwse Fréjus, met enkele prachtige renaissancegevels, concentreert zich aan de **Place Formigé** rond de in het rode porfier uit het Estérelmassief opgetrokken bisschopswijk. Gezichtsbepalend is de van de late romaanse stijl in de vroege gotiek overgaande **kathedraal**, waarvan het portaal in de renaissance werd verbouwd. Bij het uit de 5e eeuw stammende achthoekige **baptisterium** aan de westzijde van de kathedraal werden antieke stenen (zuilen) en technieken (afwisseling van baksteen en natuursteen) gebruikt. In de twee verdiepingen tellende **kruisgang van het klooster** verrast het beschilderde houten plafond uit de 14e eeuw (juni-sept. dag. 10-13, 14-18.30, okt.-mei di.-zo. 10-13, 14-17 uur, € 6, www.cloitre-frejus.fr). Direct ernaast stelt het **Musée archéologique** antieke vondsten tentoon, zoals een in 1970 ontdekt mozaïek met luipaard en een Hermesbeeld (Place Calvini, di.-zo. 9.30-12.30, 14-17 uur, in de zomer tot 18 uur, € 2).

🛏 Met patio en zwembad
L'Aréna
Aangename ligging in de oude stad, zonnige kamers met mozaïekvloer en Provençaals meubilair die uitkomen op de patio. In de tuin bloeien bloemen. Het ontbijtterras ligt aan het zwembad, wat plezier garandeert.
145, rue Général de Gaulle, tel. 04 94 17 09 40, www.hotel-frejus-arena.com, 2 pk vanaf € 85

🛏 Eenvoudig en familiair
L'Oasis
Keurig hotel in een doodlopende straat vanaf Fréjus-Plage. Kleine, opgeknapte kamers, familiaire sfeer.
Impasse Charcot, tel. 04 94 51 50 44, www.hotel-oasis.net. 2 pk vanaf € 57

De ontwikkeling van de plaats op een licht verhoogd zandstenen plateau boven de vruchtbare monding van de Argens wordt aan Julius Caesar toegeschreven. Vandaar de antieke naam Forum Julii – wat Fréjus werd.

🍴 Frisse wind ondr het gewelf
L'Amandier
In de oude stad, met gewelf en innovatief aangepaste Provençaalse specialiteiten – ravioli met jakobsschelpen, prei, curry, ingelegde ossenwangen à la provencale.
19, rue Marc-Antoine Désaugiers, tel. 04 94

La Côte des Maures ▶ St-Raphaël

53 48 77, www.restaurant-lamandier.com, ma. middag, wo. middag, zo. gesloten formule € 22, menu € 30-42

❶ Aan de boulevard
Le Mérou Ardent
Een mooi visrestaurant in Fréjus-Plage. Onvergetelijk zijn de sardines met Fleur de Sel, en de vissoep ...

157, boulevard de la Libération, tel. 04 94 17 30 58, juli/aug. za.-middag, ma.-middag, do.-middag, anders do. gesloten, menu vanaf € 20

❶ Ter afwisseling: kaas
Mon Fromager
Een winkel en een piepklein restaurant in één, waar vooral kaas over de toonbank gaat of op een van de weinige tafeltjes terechtkomt.

38, rue Sieyès, tel. 04 94 40 67 99, www.mon-fromager.fr, zo. avond, naseizoen ook ma. gesloten; salades, dagschotels ca. € 14, kaasschotel ca. € 12

❷ Zwemmen en zonnen
Een lang, breed zandstrand in Fréjus-Plage met een pretpark erbij. Een lang zandstrand bij St-Aygulf.

❷ Fietsen
Mountainbikepaden vanaf Roquebrune-sur-Argens naar het Estérelmassief en de Col de Gratteloup.

Fietsverhuur: Holiday Bikes, Rondpoint des Moulins, tel. 04 94 52 30 65, www.loca-bike.fr

❶ Info en evenementen
Office de Tourisme: 249, rue Jean Jaurès, 83600 Fréjus, tel. 04 94 51 83 83, www.frejus.fr. Combiticket voor 7 bezienswaardigheden (€ 6,60).
Bus: verbindingen met St-Tropez, St-Raphael, Draguignan, Fayence Nice met Varlib, www.varlib.fr, en de Lignes Express Régionales, www.info-ler.fr.
Bravade de Fréjus: 3e zo. na Pasen. Stadsfeest met processie, kostuums en Provençaalse folklore.
Fête du Raisin: 1e zo. in aug. Nieuwe wijn, oude klederdrachten, vrolijke dansen. In de kathedraal en in de oude stad.

Roc d'Azur: 1e weekend van okt.: een van de grootste mountainbikeraces in Europa, www.rocazur.com.

OMGEVING

Rood drakentandengebergte
De N 7 doorkruist vanaf Fréjus de bizar gekartelde rotskammen en bossen van het **Estérelmassief** (📖 K 4). De belangrijkste kam van het massief ligt rond de 618 m hoge Mont Vinaigre. Vanaf de weg voert een bospad in een klein kwartier lopen naar de top. Bij helder weer reikt de blik tot aan de Italiaanse grens en de Montagne Ste-Victoire. Informatie over wandel- en fietspaden in het Office de Tourisme van Fréjus of bij de Pôle Touristique Estérel-Côte d'Azur, tel. 04 94 19 10 60, www.esterel-cotedazur.com).

St-Raphaël 📖 J 4

Deze badplaats sluit vrijwel naadloos aan bij Fréjus. Van het mondaine leven, waarom St-Raphaël in de Belle Époque en tot in de jaren 30 bekendstond, is niet veel overgebleven, behalve een paar protserige gevels. Verder gaat het tegenwoordig allemaal wat rustiger in St-Raphaël. De aantrekkingskracht vormt nu vooral de directe ligging aan het strand, met de eerste uitlopers van het Estérelmassief.

Door de oude stad slenteren
De treinrails snijden de oude stad af van de strandbuurt, maar alleen al de paar straatjes rond de romaanse parochiekerk **St-Pierre** (ingang via het museum) en het **Musée de Préhistoire et Archéologie sous-marine** met een uitstalling van menhirs en uit scheepswrakken geborgen amforen (di.-za. 9-12, 14-18 uur, gratis) in de voormalige pastorie, zijn het tochtje van het strand hierheen waard. Er is ook nog een middeleeuwse wachttoren. Dat valt toch niet tegen.

63

La Côte des Maures ▶ St-Raphaël

Wilde kliffen, wilde golven – en alleen de toren bleef overeind. Het dramatische uitzicht van de Cap Dramont op het Ile d'Or lijkt wel een schilderij.

Langs het water wandelen

Zeer aansprekend is de met platanen omzoomde boulevard aan de **haven**. Een leuk plekje met uitzicht op de masten en visnetten heb ik op de kade zo gevonden. En dat geldt ook voor de **Jardin Bonaparte** ertegenover, vanwaar je eveneens een mooi uitzicht op de haven hebt. Van verre zichtbaar is de neobyzantijnse basiliek **Notre-Dame de la Victoire de Lepante** (9-18 uur), een herkenningspunt van de in de 19e eeuw met paleishotels als het **Winter-Palace** en het **Excelsior** aan de Boulevard Felix-Martin, het **casino** en de ervoor beginnende **promenade** (Promenade de Lattre de Tassigny) ingerichte strandstad. Aan de oostrand, richting Boulouris, wordt het chic. Daar rijgen de elegante villa's zich de oeverweg, de Corniche d'Or, aaneen.

🏠 Negentiende-eeuwse pracht
Excelsior
Een juweel uit de tijd rond 1900! Wintertuin en terras, zeezicht en bar zijn ideaal voor nostalgieminnaars.
Promenade René Coty, tel. 04 94 95 02 42, www.excelsior-hotel.com, 2 pk vanaf € 149

🏠 Zonnig onderdak
Hôtel du Soleil
Een abrikooskleurige villa van rond 1900, iets buiten het centrum, met ruime kamers, een mooie tuin en de Zweedse Lena aan de deur, die met haar zonnige humeur iedereen vrolijk maakt.
47, boulevard du Domaine-du-Soeil, tel. 04 94 83 10 00, www.hotel-dusoleil.com, 2 pk vanaf € 69

🏠 Kamperen met eilandzicht
Campeole Le Dramont
Camping met stacaravans in het kruidig geurende dennenbos op de heuvelachtige Cap Dramont. Van het kiezelstrand af zie je het Ile d'Or liggen.
986, boulevard de la 36° Division du Texas, Le Dramont (5 km oostelijk), tel. 04 94 82 07 68, www.campeole.nl/camping/post/le-dramont-agay-st-raphael, stacaravan 2 nachten/4 pers. vanaf € 74

🔴 Geslaagde comeback
Brasserie Tradition & Gourmandise
Leuke brasserie/mooi terras – en *the place to be*. Het menu wisselt dagelijks!
6, avenue de Valescure, tel. 04 94 95 25 00, sept.-juli wo., zo. en feestd. gesloten, juli/aug. wo. middag gesloten, formule € 17, menu lunch € 20, anders € 31

La Côte des Maures ▶ St-Raphaël

Trendy
Elly's
Biogroenten, seizoensproducten, innovatieve topkeuken, modern design: de Bourgondische Elly en haar kokende levensgezel Franck weten waar het tegenwoordig om gaat
54, rue de la Liberté, tel. 04 94 83 63 39, www.elly-s.com, juli-aug. 's middags, anders zo., ma. gesloten, formule € 28, menu vanaf € 38

Take it easy!
La Table
Een wijnbar, een ontspannen trefpunt, een keuken die enthousiast nieuwe wegen inslaat met *nems de thon* en *côte de boeuf* en met de hand gesneden frites. Aan tafel!
47, boulevard Thiers, tel. 04 94 53 93 35, www.latablerestaurant.fr, zo., ma., juli-aug. 's middags gesloten, formule € 16, menu lunch door de week € 20, anders ca. € 30

Zwemmen en zonnen
Het zandstrand voor de promenade heet Plage du Veillat – en is jammer genoeg vaak heel druk. Leger zijn de voor het stadsdeel Boulouris gelegen Plage du Fournas en De la Tortue, afgelegen zijn de kleine stranden van de calanques aan de Cap Roux: hier omlijsten rode rotsen het strand.

Duiken
CIP du Dramont: in St-Raphaël werd in 1935 de eerste duikclub van Frankrijk geopend – de traditie leeft voort aan de Corniche d'Or in het Centre de Plongée du Dramont.
Square du Poussai, Agay, tel. 04 94 82 76 56, www.cipdramont.com

Info
Office de Tourisme: 99, quai Albert-1ier, tel. 04 94 19 52 52, www.saint-raphael.com.
Trein: station, rue Waldeck-Rousseau. Treinen naar Cannes, Antibes en Draguignan, tel. 36 35.
Bus: Gare routière, 100, rue Victor Hugo, tel. 04 94 83 87 63. Bussen naar Draguignan en St-Tropez, www.varlib.fr.

OMGEVING

De mooiste kustweg van de Côte
Op de kaart heet de **Corniche d'Or** (K 4) heel gewoon D 559. De rotsen langs de kustweg van St-Raphaël naar **La Théoule** zijn niet goudkleurig, zoals de klinkende naam 'd'Or' doet vermoeden, maar rood als het porfier en het kleurige zandsteen van het ongenaakbare Estérelmassief. Een paar eilandjes, waaronder aan de **Cap du Dramont** bij **Agay** het door een toren bekroonde **Ile d'Or**, garanderen een overvloed aan rauwe schoonheid. Voor **Anthéor** ligt het **Ile des Vieilles** in de inktblauwe zee. Achter de plaats valt de rotswand van de 453 m hoge **Pic du Cap Roux** op, zo genoemd vanwege het rood oplichtende gesteente. Hier en daar vind je kleine zwembaaien en flinke stukken groen – door de wind gebeukte dennen, waarvan de kronen op omgewaaide parasols lijken. Iets verderop liggen futuristische huizen tegen de kliffen aangeplakt: **Port-la-Galère** is een in de sciencefictionlook van de jaren 70 gebouwde nederzetting, die je als buitenstaander niet kunt bezoeken – alleen als je je intrek neemt in het hotel (2 pk vanaf € 160, www.clubportlagalere.com).

Op de **Cap de Miramar** lijken buitenaardse wezens te zijn neergestreken: begin jaren 70 heeft modeontwerper Pierre Cardin de Hongaarse architect Antti Lovag opdracht gegeven tot de bouw van het **Palais des Bulles**. Lovag schiep een complex van oranje betonnen bollen, waarin geen enkele rechte hoek te vinden is. Zelfs het zwembad is rond. Het kan als openluchtpodium voor evenementen en feesten worden gehuurd (www.palaisbulles.com).

#9

La vie en rose – **de opmars van de rosé**

Pétale de Rose, rozenblad, heet de cuvée van grenache, cinsault, syrah en mourvèdre – met deze wijn is de opmars van rosé als hippe wijn onlosmakelijk verbonden. De kleur van deze cultwijn zit ergens tussen bleekroze en zandgeel. 'Tout' St-Tropez denkt bij deze wijn aan Régine Sumeire alias Madame Rosé.

OVERIGENS

In het **Maison des Vins** vind je meer dan 800 wijnen tegen kelderprijs (Les Arcs-sur-Argens, RN 7, apr.-sept. ma.-za. 10-19, zo. 10-18, okt,. mrt. ma.-za. 10-18, zo. 10-17, nov.-febr. ma.-za. 10-18 uur, www.maison-des-vins.fr).

'De grenachedruif verleent de *Pétale de Rose* die zachte kleur', vertelt de wijnboerin, die eveneens het **Château Barbeyrolles** 1 in Gassin en het **Château de la Tour de l'Evêque** 2 in het binnenland van St-Tropez beheert. De rosé is fruitig, daarbij uiterst geconcentreerd, bijna vet zelfs. Nonchalance is hierbij gepaard aan volheid en concentratie. Zo geraffineerd smaakt alleen een rosé van de Appellation Côtes de Provence, waarvan de wijnhellingen tot aan La Ciotat, de kust van het Massif des Maures, het schiereiland van St-Tropez, Fréjus en St-Raphaël reiken.

De opmars van de rosé #9

Alles nieuw op de helling en in de kelder

Om de slechte naam die de typische Provence-wijn eens had te rehabiliteren, stelde de wijnboerin richtinggevende kwaliteitsnormen vast. Met een *vendange verte* bijvoorbeeld, waarbij een deel van de nog groene druiven wordt weggesneden om de rosé de volle kracht van terroir en wijnstok mee te geven. Daarbij hoort ook een zachte persing met ultramoderne machines – de rest is bedrijfsgeheim.

Levendige concurrentie

De wijnboerin krijgt inmiddels veel concurrentie. Een hele rij getalenteerde wijnboeren heeft de eerst voor simpel doorgaande rosé gerehabiliteerd. Een van de voorvechters is Paul Weindel. De 24 ha wijnstokken van zijn **Domaine La Tour des Vidaux** 3 worden volgens biodynamische richtlijnen geëxploiteerd. Deze neowijnboer met zijn grijze baard begon als autodidact. De in het Duitse Heidelberg geboren transportondernemer kwam in 1996 naar Pierrefeu-du-Var. In 1998 kon hij zijn eerste eigen wijn bottelen. Spoedig volgden onderscheidingen in de *Revue des Vins de France* en in de *Guide Hachette*; de bijbels voor Franse wijnliefhebbers. Dat de rosé tot een wijn *à la mode* kon opklimmen, is voor hem meer een verplichting dan een verdienste. 'Ik blijf inzetten op kwaliteit', belooft hij.

Hip, hipper, rosé

Een *Cru Classé de la Presqu'île de St-Tropez* en tegelijk een verdere wegbereider voor de rosé op de terrassen van St-Tropez tot Monaco is **Château de Minuty** 4. Al jaren zijn de *happy few* van de internationale trendsetters op de soirées in St-Tropez in het stijlvolle Byblos op niets anders dan de *Rosé de Minuty* geabonneerd. Maar goed dat er met 75 ha wijnstokken en een gestage zeebries, die schimmels en andere ziekten wegblaast, in de enorme vraag kan worden voorzien. Dit geldt overigens ook voor het in het begin genoemde Château Barbeyrolles, waarvan de wijnhellingen er vlak naast liggen.

Uitneembare kaart: G 4

INFO EN OPENINGSTIJDEN

Château Barbeyrolles 1: Gassin, tel. 04 94 56 33 58, www.barbeyrolles.com, ma.-vr. 9-18, Pasen-eind okt. ook za.

Château de la Tour de l'Evêque 2: Pierrefeu-du-Var, Route de Cuers, tel. 04 94 28 20 17, www.toureveque.com, ma.-vr. 9-17 uur, Pasen-Allerheiligen ook za.

Domaine La Tour des Vidaux 3: Pierrefeu-du-Var, Quartier des Vidaux, tel. 04 94 48 24 01, ma.-za. 9-12, 14.30-18.30 uur.

Château Minuty 4: Gassin, 2491, Route de la Berle, tel. 04 94 56 12 09, www.minuty.fr, ma.-vr. 9-12, 13.30-18, 's zomers ook za. 9-12, 14-18 uur.

ETEN

La Verdoyante 1: 866, chemin vicinal Coste Brigade, Gassin, tel. 04 94 56 16 23, www.la-verdoyante.fr, ma. middag, wo. gesloten, half okt.-half mrt. wegens vakantie gesloten, menu € 29-57. In noordelijke richting strekken zich de wijnhellingen van het Château Minuty uit, naar het zuiden die van het Château de Barbeyrolles. Ook dit landelijke restaurant is een voormalig wijngoed. En de keuken? Hemels!

Van Cannes naar Menton: Rivièra!

Touché! De rode loper is uitgerold! Het doek kan op! In Cannes begint de Rivièra, het exclusiefste deel van de Côte d'Azur en daarmee voor velen het enig zaligmakende paradijs van zon en zee, plus zandstranden zo ver de badlakens reiken, dennengroene kapen en paleishotels. Het gaat maar door.
Nice is de bedrijvige metropool aan de Middellandse Zee, met hippe wijken en heel veel strand. In Monaco houden paparazzi elke pas en 'faux pas' die de koninklijke familie zet in de gaten. In de hooggelegen dorpen in het binnenland wordt het stil. In Menton ten slotte gedijen in de zwoele, warme lucht de tropische planten. En over alles heen ligt een zweem Italiaanse flair.

Bezienswaardig
1. Notre-Dame d'Espérance
2. Musée de la Castre
3. Hôtel de Ville
4. Marché Forville
5. Palais des Festivals
6. Etoiles de Cinéma
7. Le Majestic
8. Hoekhuis Mériméé
9. Carlton
10. Martinez

Cannes 📖 K/L 3

Alsof het niet allang bekend was: wie kan, gaat naar Cannes. En laat het breed hangen. Wat er vóór Cannes spreekt? Je hebt natuurlijk allereerst de ligging aan een zacht gebogen zandbaai, waarachter de spitsen van het Estérelmassief en de Grasser Vooralpen zich verheffen. En daarbij komen de plaatjes uit de roddelbladen: Emma Stone met een stralende lach in het flitslicht van de fotografen voor het legendarische Hotel Carlton. Paris Hilton, die met Fiffi op de arm voor het Palais van het festival de show steelt voor Monica Bellucci. Cannes kan echter ook heel anders. Ga gewoon eens een kijkje nemen.

Van het panorama genieten vanaf de heuvel van de oude stad

Het begin is verleidelijk: de Rue Saint Antoine aan de voet van de heuvel van de oude stad Le Suquet is de 'vreetstraat' van Cannes. Kelners proberen met de kaart in de hand klanten te lokken. Het ruikt naar olijfolie en bedriegerij, maar soms ook verdomd goed. Dan word je verrast door kleine pleintjes en stegen die links en rechts van de Rue Saint Antoine in elkaar grijpen. Op de Place du Castre is het afgelopen met het klimmen. Hier verheft zich de parochiekerk **Notre-Dame d'Espérance** 1 uit 1627 in de stijl van de Provençaalse late gotiek. Binnen glanzen de vergulde beelden van Notre-Dame d'Espérance (18e eeuw, in het koor) en de H. Anna (15e eeuw, in de zijkapel). Bij de kerk hoort een klokkentoren, gebouwd door de abten van het het kloostereiland

CANNES

- 4 Molière

Eten en drinken
1. Aux Bons Enfants
2. Caveau 30
3. La Cave
4. La Tonnelle
5. Le Restaurant Arménien
6. Philcat Cave

Winkelen
1. Marché Forville
2. Marché de la Brocante
3. Aux Bons Raviolis
4. Cannolive

Uitgaan
1. Bar 4 U
2. Kudeta
3. L'Amiral

Sport en activiteiten
1. Plage de Port Canto
2. Plage Gazagnaire
3. Ski Club
4. Plongée Club de Cannes

- 11 La Malmaison
- 12 Pointe de la Croisette

Overnachten
1. La Villa Tosca
2. Le Florian
3. Okko

St-Honorat om piraten te zien naderen. In het naburige **Musée de la Castre** 2, waarvan de naam verwijst naar de standplaats tussen de muren van de voormalige burcht, zijn archeologische vondsten uit de Middellandse Zee en schilderijen te zien, die de rol van Cannes binnen de schilderkunst illustreren (di.-zo. 10-13, 14-17, in de zomer tot 19 uur, € 6). Dan zijn we bij het hoogtepunt: je kunt de via het museum toegankelijke **Tour Carrée** uit de 12e eeuw beklimmen! Na 109 treden glijdt je blik over de baai van Cannes, met de Lérins-eilanden, de blauwe zee op.

Shoppen, zeilers kijken
De **Rue d'Antibes** is Cannes' luxestraat. Kleine, fijne winkeltjes voor prêt-à-portermode, confiserie, parfums en sieraden volgen elkaar op. Richting oude stad gaat hij over in de Rue Felix Faure. De **Allées de la Liberté** lopen er parallel aan. Onder de platanen worden bloemen verkocht en wordt jeu de boules gespeeld. Naar het westen sluit het schitterende **Hôtel de Ville** 3 uit 1876 het verkeersvrije plein af. Uit de ramen kan de burgemeester op de oude haven en de schommelende boten kijken. Aan het eind van de Quai Laubeuf vertrekken de schepen naar de Iles de Lérins. De Rue Louis Blanc

OVERIGENS

Vertaald heet Cannes 'riet'. Dat groeide in de moerassen rondom het Romeinse Castrum op de heuvel Suquet.

Grote bioscoop – **La Croisette**

Niet alleen tijdens het jaarlijkse filmfestival is de Croisette van Cannes de meest glamoureuze promenade van de Côte d'Azur. Aan de beroemde kustboulevard is de mix van suikertaarthotels uit de belle époque, fiere koningspalmen en bekende persoonlijkheden altijd goed.

In het westen markeert het **Palais des Festivals** 5 het begin van de Croisette. Het betonnen bakbeest met festivalzalen, expositiehallen, concertzaal, casino en nachtclub staat lokaal bekend als 'le bunker'. Op het voorplein begint de **Allée des Etoiles de Cinéma** 6 met de in de tegels vereeuwigde handafdrukken van sterren en sterretjes. Cannes' weg naar het wereldwijd belangrijkste filmfestival begon in 1939, nadat het concurrerende festival van Venetië meer en meer was verworden tot een propagandashow van Mussolini. Hollywoodsterren horen er van het begin af aan bij, net als schandalen en romances. In 1949 viel een sterretje – met ontblote borsten! – Robert Mitchum om de hals. In 1955 leerde Grace Kelly in Cannes vorst Rainier van Monaco kennen en liefhebben. Het festival staat nu garant voor 33.000 geaccrediteerde bezoekers uit bijna honderd landen, onder wie zo'n vierduizend journalisten. Tegen de tweehonderd films worden alleen al in het officiële programma gepresenteerd.

Legendarische hotels

Tegenover het Palais des Festivals staat het eerste van de vier legendarische 'palace-hotels' van de Croisette te pronken met zijn in 1923 ontworpen praalgevel: **Le Majestic** 7. Aan dezelfde kant van de straat herinnert iets oostelijker de Square Prosper Mérimée aan de schepper van 'Carmen': de schrijver overleed in 1870 in het **hoekhuis aan de Rue Jean-de-Riouffe** 8, waaraan een gedenkplaat herinnert. Dan volgen de hotelpaleizen **Carlton** 9 en het in art-decostijl gebouwde **Martinez** 10. Het in 1907 geopende Carlton is veruit het beste

In 1996 ging er een gejammer door de gelederen van grands chefs aan de Côte d'Azur, toen Dominique Le Stanc, een met veel sterren bekroonde chef de cuisine in het hotelpaleis 'Negresco', de haute cuisine vaarwel zei. Le Stanc nam een armetierige bistro over in een hoogbouwwijk in de oude stad van Nice. Op dat moment ontstond de bistronomie. Le Stanc stond aan de wieg van een nieuwe stijl, met moderne accenten en een verse mediterrane keuken die tegenwoordig smaakbepalend is voor de Côte d'Azur: betaalbare bistrogerechten die goed zijn bereid en de smaak van de regio vertegenwoordigen.

in deze soort. Volgens plaatselijke bronnen zijn de peervormige hoekkoepels gemodelleerd naar de borsten van de 'mooie Otero', een van de grootste danseressen van de belle époque. Hier ontmoette prins Rainier de 'Amerikaanse Zwaan' Grace Kelly, die op dat moment in het Carlton met Cary Grant aanwezig was voor de opname van *To catch a thief*.

Kunst aan de Croisette

Ondanks de fraaie gevel bekleedt **La Malmaison** 11 in de rangorde van luxehotels en in 'het ballet' van de door chauffeurs gereden limousines geen belangrijke plaats. Het prachtige, door twee palmen geflankeerde gebouw was oorspronkelijk de casino- en theesalon van het in 1863 opgerichte Grand Hôtel. Het paviljoen kon in 1970 door de stad worden gekocht en dient als expositieruimte voor hedendaagse schilder- en beeldhouwkunst.

Het eerste zomerseizoen

De Boulevard de la Croisette eindigt bij de bijna 600 m in zee stekende **Pointe de la Croisette** 12. Vanaf de landpunt reikt het zicht over de baai van Cannes, de Golfe de la Napoule en het Massif de l'Estérel. Hier werd bovendien toerismegeschiedenis geschreven: in het in 1929 op de Pointe geplaatste Casino Palm-Beach lanceerde Cannes zijn eerste zomerseizoen.

K KRUIS

Een klein kruis *(crocetta)* aan de oostpunt van de baai van Cannes gaf de in 1868 aangelegde Croisette zijn naam. Voor de stranden moest 125.000 m³ zand worden aangevoerd. Sinds 1871 behoren dubbele rijen palmen tot het totaalbeeld.

Geldt in Cannes niet alleen tijdens het festival: Life is a beach!

INFORMATIE

Office de Tourisme: ▶ blz. 77
Bus: lijn 8 van het Palais des Festivals naar Pointe de la Croisette, www.palmbus.fr.
Festival de Cannes: mei, internationaal filmfestival, alleen voor genodigden. Wie wat wil zien, komt ook aan de rand van de rode loper aan zijn trekken, www.festival-cannes.com.
Centre d'Art La Malmaison: juli-aug. dag. 11-20, vr. tot 21, sept. dag.10-19, okt.-apr. di.-zo. 10-13, 14-18 uur.

ETEN EN DRINKEN

Le Restaurant Arménien 5: 82, boulevard de la Croisette, tel. 04 93 94 00 58, www.lerestaurantarmenien.com, menu € 48, ma. gesloten en behalve zo. alleen 's avonds geopend. Elke euro waard vanwege de buitengewone Armeense keuken, met dolma's en keschegs.
Snackbar Philcat 6: Promenade de la Pantiero, tel. 04 93 38 43 42, mrt.-okt. 8-19 uur, ca. € 5. Goedkoop, uit de hand of aan de toog: pans bagnats, salades en *tartes* aan de Vieux Port.

Uitneembare kaart: L 3 | plattegrond: blz. 70

loopt van de Vieux Port stadinwaarts naar de roze gekleurde markthal van de **Marché Forville** 4. Kleine restaurants en levensmiddelenwinkels rijgen zich aaneen in de zijstraten, met name in de aan voetgangers voorbehouden Rue Meynardier – hier heerst een authentieke sfeer die je in Cannes niet verwacht.

Naar de eilanden

De door eucalyptusbomen en pijnbomen begroeide Iles de Lérins rijzen 1 km ten zuidoosten van de Croisette uit de golven op. Het grootste van de twee, het **Ile Ste-Marguerite** (🗺 L 3) omvat 210 ha. Enkele inwoners van Cannes mogen uit gewoonterecht hun huisje daar behouden, maar verder is het dichtbeboste eiland onbewoond. Een 7 km lange rondweg loopt naar het vogelreservaat in de Batéguier-plas in het westen, het koninklijke fort met het **Musée de la Mer** (juni-sept. 10-17.45, okt.-mrt. di.-zo. 10.30-13.15, 14.15-16.45, apr./mei tot 17.45 uur, € 6) in het noorden en het landgoed Grand-Jardin in het zuiden. Kleine zand- en kiezelstranden nodigen uit tot een duik. Het met 40 ha veel kleinere **Ile St-Honorat** (🗺 L 4) werd geëxploiteerd door cisterciënzermonniken. Hun wijnhellingen en velden bepalen nog altijd de pastorale idylle van het eiland. De uit Trier afkomstige Romeinse patriciërszoon Honoratus stichtte in 410 het eerste klooster op het eiland. Het in de middeleeuwen op een rotspunt gebouwde vestingklooster kan worden bezichtigd. De twee verdiepingen tellende arcadenhof was een toevluchtsoord bij gevaar. Een **museum** toont Grieks-Romeinse vondsten en voorwerpen uit de kloostergeschiedenis (juli/aug. rondleidingen 10.30-12.30, 14.30-17, anders bezichtiging 9-17 uur, € 2,50). Langs het wandelpad rond het eiland liggen enkele romaanse kapellen. Je vindt er ook een paar mooie baaien.

Veer: Société Planaria, Quai Laubeuf, tel. 04 92 98 71 38, boten naar het Ile St-Honorat (15 min. varen, heen en terug, online € 14, aan de kassa € 16,50, met broodje en mineraalwater € 18,90). Het Ile Ste-Marguerite wordt door verschillende maatschappijen bediend, die ook allemaal van de Quai Laubeuf vertrekken, www.cannes-ilesdelerins.com

---

KLOOSTERLEVEN

Ile St-Honorat
Wie in de eenvoudige kamers van de Hôtellerie van het klooster wil logeren, moet op tijd reserveren. Beddengoed/slaapzaak en handdoeken meenemen, er wordt op een donatie gerekend.
Tel. 04 92 99 54 20, www.abbayedelerins.com

ETEN, SHOPPEN, SLAPEN

🏠 Overnachten

Opgefrist
La Villa Tosca 1
Vriendelijk stadshotel met ontbijtlounge en de charme van de belle époque. Geslaagde combinatie van opgefrist stucwerk en kamers ingericht met designmeubels.
11, rue Hoche, tel. 04 93 38 34 40, www.villa-tosca.com, 2 pk vanaf € 85

Praktisch, vierkant, familiebedrijf
Le Florian
Dit sympathieke familiebedrijf scoort met zijn ligging in de uitgaanswijk van Cannes. De schone tegels en plexiglas stoelen in de lobby zijn praktisch, de kamers zijn verzorgd (enkele met balkon!), de prijzen gunstig.
8, rue du Commandant-André, tel. 04 93 39 24 82, www.hotel-leflorian.com, 2 pk vanaf € 58

Ketendesign
Okko 3
Deze designhotelketen heeft niet ver van het station een hotel geopend: smetteloos wit, puristisch, elegant, met een welkomstdrankje en ontbijt bij de kamerprijs inbegrepen.
6 bis, place de la Gare, tel. 04 92 98 30 30, www.okkohotels.com, 2 pk/ontbijt vanaf € 97

Rivièra ▶ Cannes

Urban chic
Molière

Bruin, beige en aubergine zijn de heersende kleuren in dit hotel dat consequent inzet op *urban chic*. De kamers op het zuiden hebben een balkon aan de tuinkant. En het zijn maar een paar passen naar de Croisette.

5, rue Molière, tel. 04 93 38 16 16, www.hotel-moliere.com, 2 pk vanaf € 90

🍴 Eten en drinken

Onverwoestbaar
Aux Bons Enfants

Slechts één menu op de kaart – en de zaak zit altijd vol. Een instituut met Provençaalse burgerpot. Zeer vriendelijke ontvangst. Geen creditcards.

80, rue Meynardier, zo. gesloten, okt.- apr. ook ma., formule € 22, menu € 30

Brasserie forever
Caveau 30

Een brasserie in de stijl van de jaren 30 met onverwoestbare brasserieklassiekers, inclusief zeevruchten. Mooie veranda, gezellige sfeer.

45, rue Felix-Faure, tel. 04 93 39 06 33, www.lecaveau30.com, dag., formule € 19, menu vanaf € 28

Bistro toujours
La Cave

Op de banken zit je schouder aan schouder. Op de kaart staan kalfszwezerik met morieljes, gevulde witte kool, eendenborst, kabeljauw van de grill. En in de kelder liggen 250 verschillende wijnen. Wij komen terug.

9, boulevard de la République, tel. 04 93 99 79 87, www.lacavecannes.com, sept.-juni ma.-middag, za.-middag, zo., juli-aug. ma.-middag, wo.-middag, do.-middag, zo.-middag gesloten, formule € 24, menu € 37

Eilandpriel
La Tonnelle

Het meeest gewild zijn de plaatsen aan de kust van het Ile St-Honorat, onder de palmen en met de voeten in het zand. Zeebaars en dorade komen perfect gegrild op de teakhouten tafel. Als dessert kun je kiezen voor sorbet van biocitroenen met een scheutje Lerincello (citroenlikeur) – die door de monniken wordt geproduceerd. Bij het restaurant hoort een goedkoop eethuisje, 'Les Canisses' (salades en kleine gerechten vanaf € 9).

Ile St-Honorat, tel. 04 92 99 54 08, www.tonnelle-abbayedelerins.fr, dag. alleen lunch, half nov.-half dec. gesloten, menu ma.-vr. € 27,50, à la carte ca. € 60

Alleen voor de export produceren de monniken van de Abbaye de Lérins jaarlijks ca. 30.000 flessen witte wijn, de zogenaamde Cuvée des Embruns. Om nog maar te zwijgen van de al net zo uitstekende rode Cuvées St-Honorat en Vendanges des Moines of de veel alcohol bevattende sterkedrank Lérina Verte, die met veertig kruiden wordt gebrouwen.

🛍 Winkelen

Markten

De **Marché Forville** (Pl. du Marché Forville, di.-zo. 7-13 uur) biedt in de overdekte markthal een fantastisch aanbod en rondom een groot aantal kroegen voor marktkooplieden (tip: Taverne Lucullus, 4, Pl. du Marché Forville, 6-16 uur, ma. gesloten, dagschotel ca. € 10, tapas en grillgerechten). Op de **Marché de la Brocante** (vlooienmarkt, Allées de la Liberté, za.) kun je altijd wel iets vinden.

Pasta, pasta
Aux Bons Raviolis

Gevulde pasta in verschillende varianten. Vers en lekker. Alle eer aan de familie Foppiani.

31, rue Meynadier, ma.-za. 9-13, 14.30-19 uur

Het hoeft niet altijd de Croisette te zijn: ook een kleine bioscoop brengt grote films.

Buy local!
Cannolive
Veel bioproducten en alles uit de regio: oranjebloesemhoning, citroenconfiture, wijnen en likeuren van het Ile St-Honorat, Herbes de Provence, gesuikerde meloenen ...

16/20, rue Vénizélos, ma.-za. 9.15-13, 14.15-19 uur

Uitgaan

Het epicentrum van de nacht ligt rond de **Rue du Commandant-André**. Stijlvolle outfit gewenst!

Bar en disco
Bar 4 U
Aan de toog in het midden zit het rond borreltijd altijd vol. Later dreunen house- en latinoklanken uit de boxen.

6, rue des Frères-Pradignac, www.facebook.com/foryoucannes, dag. 18-2.30 uur

In de Bermuda Triangle
Kudeta
Hippe bar in loungestijl, midden in de uitgaanswijk van Cannes. Kleine kaart.

17, rue du Docteur-Monod, vanaf 21 uur

Festivalbar
L'Amiral
De bar van het hotel Martinez haalt tijdens het filmfestival de grootste omzetten, maar de meeste soirées zijn dan wel alleen voor genodigden. Buiten het festival vanaf 19.30 uur cocktails met livemuziek.

73, boulevard. de la Croisette, www.hotel-martinez.com, dag. 10-2 uur

---

Sport en activiteiten

Zwemmen en zonnen
Op de stranden van de Croisette liggen kost het een en ander, met name op de gedeelten die voorzien zijn van een restaurant en een ligstoelenverhuur. Het openbare strand aan het **Plage de Port Canto** is gratis. Iets stiller is het openbare **Plage Gazagnaire**, dat zich achter de Pointe de la Croisette uitstrekt.

Riviéra ▶ Cannes

Liever de lucht in
Ski Club ❸: vanaf de steiger van het Grand Hotel Majestic, tel. 04 92 98 77 47, www.majesticskiclub.online.fr, apr.-okt. watersportactiviteiten als waterskiën. Onze favoriet is **parachute ascensionnel:** je wordt door een speedboat met een parachute de lucht in getrokken. Een andere manier om Cannes van boven te bezichtigen!

Duiken
Plongée Club de Cannes ❹: Quai St-Pierre, mobiele tel. 06 11 817 617, www.plongee-cannes.com, apr.-okt. dag. behalve zo. middag. Cursussen en duiken met erkende duikinstructeurs, mooie duikgebieden rond de Îles des Lérins.

INFO

Office de Tourisme: Palais des Festivals, 1, la Croisette, 06400 Cannes, tel. 04 92 99 84 22, www.cannes-destination.fr.
Trein: station, Rue Jean Jaurès, tel. 36 35, www.voyages-sncf.com. Treinen naar alle kustplaatsen tussen St-Raphael (30 min.) en Menton (1 uur 20 min.).
Bus: er zijn twee busstations – een naast het treinstation, Les Lignes d'Azur, tel. 0800 06 01 06, met bussen naar Grasse, Vallauris en Mougins, Vallauria, en op de Place de l'Hôtel de Ville, Enibus, tel. 04 89 87 72 00, www.enibus.fr, met bussen naar de luchthaven van Nice, Golfe-Juan en Grasse. Stadsbussen: www.palmbus.fr.

EVENEMENTEN

Internationaal filmfestival: mei, www.festival-cannes.com.
Nuits musicales du Suquet: 1e week van juli. Klassieke concerten op de Suquet-heuvel.
Festival international d'Art pyrotechnique: juli-aug., de beste vuurwerkmakers ter wereld laten het knallen en flitsen dat het een aard heeft, www.festival-pyrotechnique-cannes.com.

IN DE OMGEVING

Pottenbakkersdorp
Bij **Vallauris** (📖 L 3) moet je meteen aan Picasso denken. Dit Spaanse genie kwam naar het pottenbakkersdorp om van de pottenbakkers te leren. Van Picasso's artistieke input getuigen de meer dan tweehonderd werkplaatsen. De belangrijkste erfenis van de kunstenaar zijn de fresco's *Oorlog en vrede*, die hij in 1952-1954 in de crypte van de voormalige burchtkapel aan de Place de la Libération maakte (nu het **Musée National Picasso,** half juni-half sept. wo.-ma. 10-12.15, 14-17 uur, € 4). Op de **Place Paul Isnard** staat bovendien Picasso's bronzen plastiek *L'homme au mouton*.
De voormalige burcht van de abten van de Iles de Lérins bevat met het **Musée de la Céramique** een tweede museum, waarin in even jaren de Internationale Biennale van hedendaagse Keramiek wordt gehouden (zelfde openingstijden als het Picasso-museum, Biennale: juli-nov.). Vlakbij ligt het voormalige **stadhuis** (nu stadsbibliotheek). Een plaquette herinnert aan het feit dat hier de huwelijken werden voltrokken van Rita Hayworth en Ali Khan en van Jacqueline Roque en Pablo Ruit Picasso (www.vallauris-golfe-juan.fr).

Dinerdorp
Mougins (📖 L 3) is een populaire bestemming waar je schandalig duur en met uitzicht op de lichtjes van Cannes kunt dineren. Als in een kring lijken de huizen zich rond de parochiekerk te scharen. Het stadhuisplein, waarop een reusachtige olm staat, wordt bekroond door een belle-époquefontein. Het **Musée de la Photographie André Villers** toont originele prenten van Doisneau, Lartigue en Villars. Bovendien worden hier regelmatig bijzondere exposities gehouden (67, rue de l'Eglise, di.-zo. 10-13, 14-18, za., zo. vanaf 11 uur, gratis, www.mougins-coteazur.org).

Grasse 🗺 K 2

Sinds Patrick Süskinds bestseller 'Het parfum' weet iedereen dat Grasse het 'Rome van de geuren' is. De 51.000 inwoners noemen hun stad echter 'Balkonstad', omdat hij als een zwaluwnest boven een vruchtbare vlakte tegen de uitlopers van de Alpes Maritimes hangt. Terwijl in de rug van de stad de ijzige mistral over de Haute Provence blaast, waait in het lieflijke Pays de Grasse een lauwwarm windje. Daarom worden er rond Grasse al eeuwen rozen, jasmijn, anjers, geraniums, mimosa en andere geurende planten gekweekt, die de parfumeurs in de stad nodig hebben.

Laat bloemen spreken!
Rond de **Place aux Aires** heerst een uitnodigende mediterrane drukte rond de fontein. Rondom bloeien de bloemen, maar alleen van 7 tot 14 uur (uitgezonderd maandag) – dan is het namelijk bloemenmarkt. Boven de potten met geraniums en de bossen lavendel verheft zich aan de kop van het langgerekte plein een **Hôtel particulier** 1. Het uitbundige paleis is eind 18e eeuw gebouwd voor de steenrijke leerlooier en parfumeur Maxime Isnard. De balkons worden gesierd door schitterende smeedijzeren balustrades.

Altijd de neus achterna
Een hoogtepunt in de meest letterlijke zin van het woord is het uitzicht vanaf het voormalige **bisschoppelijk paleis** 2, waarin tegenwoordig de burgemeester zijn ambt uitoefent (bezichtiging ma.-vr. 10-12, 14-17 uur). In de lombardisch-romaanse **kathedraal Notre-Dame-du-Puy** 3, die ernaast staat, hangen een schilderij van Rubens en een van Fragonard, *Le Lavement des Pieds* (8, pl. du Petit-Puy, dag. 9.30-11.30, 15-17.30, juli/aug. tot 18.30 uur, in de winter zo. gesloten).

Rococogalanterieën
Wie van de schunnige, kokette prenten van Fragonard houdt: schetsen en kopieën van werken van deze rococoschilder, die uit Grasse afkomstig was, kun je in de **Villa-Musée Jean-Honoré Fragonard** 4 bewonderen (23, boulevard Fragonard, www.museesdegrasse.com, dag. 10-18 uur, nov., jan., febr. zo. gesloten, € 2).

De wereld van de lekkere geuren
Een chronologische gang door de geschiedenis van het parfum, van het oude Egypte tot nu, biedt het **Musée International de la Parfumerie**, kortweg MIP (▶ blz. 80).

Laat de bloemen maar geuren! De rest wordt met de hand gedaan.

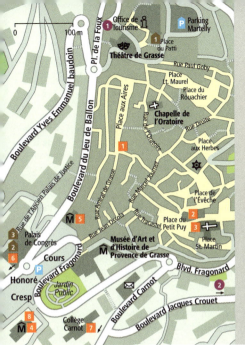

GRASSE

Bezienswaardig
1. Hôtel particulier
2. Bisschoppelijk paleis
3. Kathedraal Notre-Dame-du-Puy
4. Villa-Musée Jean-Honoré Fragonard
5. Musée International de la Parfumerie (MIP)
6. Molinard
7. Galimard
8. Fragonard

Overnachten
1. Hôtel du Patti
2. Le Moulin Ste-Anne
3. Auberge du Vieux Château

Eten en drinken
1. Les Trois Garçons
2. Lou Fassum

ETEN EN OVERNACHTEN

Overnachten

Praktisch en goed gelegen
Hôtel du Patti
Nieuwbouw aan de noordrand van de oude stad, op loopafstand van alle bezienswaardigheden. De Provençaals ingerichte kamers zijn fris en vriendelijk.
Place du Patti, tel. 04 93 36 01 00, www.hotel patti.com, 2 pk vanaf € 99

Bij de fontein
Le Moulin Ste-Anne
Een oude, 18e-eeuwse oliemolen, met fontein en beek, iets buiten het centrum. In de vijf prettig minimalistische kamers kun je best wat langer blijven.
9, Chemin des Prés, tel. 04 92 42 01 70, www.moulinsainteanne.com, 2 pk/ontbijt vanaf € 118

Echte dorpsherberg
Auberge du Vieux Château
In Cabris: charmant hotel bij de burchtruïne. Vier comfortabele, kleine kamers, één met prachtig uitzicht. Rustieke zaal, stevige gerechten – in de herfst wild en paddenstoelen.
Place du Panorama, tel. 04 93 60 50 12, www.aubergeduvieuxchateau.com, restaurant naseizoen (behalve juli/aug.) ma., di. gesloten, menu wo.-vr. lunch € 35, anders ca. € 45, 2 pk vanaf € 89

Eten en drinken

Bij de drie jongens
Les Trois Garçons
Drie broers, een coole overwelfde zaal, een klein terras, een ongecompliceerde keuken. Klinkt als een succes. En het smaakt ook nog eens heel goed.
10, place de la Foux, tel. 04 93 60 15 10, za. middag gesl., formule € 17, menu € 26

INFO

Office de Tourisme: Cours Honoré Cresp, 06130 Grasse, tel. 04 93 36 66 66, www.grasse.fr.

Heerlijke geuren – Grasse, parfumstad

Alsof we het al niet sinds het succes van Patrick Süskinds 'Het parfum' wisten: Grasse is de hoofdstad van de geuren. Sinds de renaissance worden de hier gekweekte bloemen verwerkt tot geuressences. Afnemers zijn de grote, internationale parfumproducenten. Enkele van hen hebben zich bovendien in Grasse gevestigd. Bij hen kun je een workshop volgen waar je leert je eigen parfum te maken.

Dat vind je alleen in Grasse: het hypermoderne **Musée International de la Parfumerie (MIP)** 5 nodigt uit tot een verkenning van de geschiedenis van het parfum, van het oude Egypte tot nu. Het middelpunt van het 3500 m² grote complex is het barokpaleis Hôtel de Pontevès. Daaraan is een nieuwe galerij gebouwd, die met cortenstaal en felgekleurde kartell-stoelen een moderne uitstraling heeft.

Surprise, suprise

De rondgang door het museum zit vol verrassingen, zoals een kas met exotische geurende planten of kasten aan de wand waarop een vraagteken prijkt – die moet je zeker openmaken, want de kleine collecties zijn prachtig. Tot de kostbaarste voorwerpen die worden getoond behoort de reisnecessaire van koningin Marie-Antoinette, die onder het motto 'Liberté, égalité, fraternité' wordt geëxposeerd: deze ruimte diende tijdens de revolutie als rechtszaal. De guillotine stond op de binnenplaats, waar nu de *Fontaine des coeurs renversés* tussen de sinaasappelbomen klatert.

Kennismakingscursus

Molinard 6 is waarschijnlijk de oorspronkelijkste van de parfumeurs in Grasse. Het bedrijf werd in 1849 opgericht en bevindt zich al vijf generaties in dezelfde familie. Tijdens de rondleiding hoor je waar de drieduizend *matières premières* (grondstoffen) van de parfumeurs vandaan komen: een kaart toont via een druk op de knop bijvoorbeeld de herkomst van vetiver op Réunion. Echt span-

Laat je bloemen graag spreken? Luister dan eens naar de rozen, tuberozen, mimosa, jasmijn, lavendel, roosgeranium, heidebrem en pomerans in de jardin van het MIP. Ten zuiden van de stad bloeien op 3 ha van de museum- en leertuin de grondstoffen voor de parfumerie. De tuinen zijn ook plantenconservatorium van het internationale Parfummuseum en vormen een interactief olfactorisch parcours.

Grasse, parfumstad #11

nend wordt het in de tarinologie-workshop in de naburige **Villa Habanita**, genoemd naar de gelijknamige parfum, die sinds 1925 een groot succes is. In de citroengeel gestucte zaal leer je in anderhalf uur van de drie bestanddelen van elk parfum – de top-, midden- en basisnoot – je eigen geur samen te stellen. Je wordt geholpen door een gediplomeerde parfumeuse. Aan het eind van de cursus krijgt elke deelnemer een diploma, waarop de olfactorische piramide van de geur is vastgelegd. De naam mag je zelf bedenken, en dan heb je al een flesje van je zojuist gecreëerde geurwater in handen. De precieze samenstelling blijft via een nummer bij Molinard toegankelijk. Nabestellen is altijd mogelijk.

Niet alleen geschikt voor geurkussentjes: lavendel.

Drie parfumeurs moeten het zijn!

Wie Molinard zegt, moet in Grasse ook **Galimard** 7 en **Fragonard** 8 zeggen, om het trio van de grote lokale parfumhuizen vol te maken. Bij Galimard kun je ook een parfumworkshop volgen. Fragonard valt op met zijn abrikooskleurige 'historische fabriek' uit de 18e eeuw, waar je tijdens de bezichtiging opnieuw de geschiedenis van het parfum wordt binnengevoerd.

INFO EN OPENINGSTIJDEN

Musée International de la Parfumerie MIP 5: 2, boulevard du Jeu-de-Ballon, www.museesdegrasse.com, mei-sept. 10-19, okt.-apr. 10-17.30 uur, € 4.
Jardins du MIP: 979, chemin des Gourettes, Mouans-Sartoux, apr., sept.-nov. 10-17.30, mei-aug. 10-19 uur € 4 (de helft als je je toegangskaartje van het MIP laat zien).
Molinard 6: 60, bd.Victor Hugo, www.molinard.com, sept.-juni ma.-za. 9.30-18.30, zo. tot 18, juli-aug. dag. 9.30-19 uur. Rondleiding door het bedrijfsmuseum. Parfumworkshop en Atelier de Tarinologie (1 uur incl. je eigen parfum € 70).
Galimard 7: Studio des Fragrances, 5, route de Pégomas-Rond-Point des 4 Chemins, www.galimard.com, twee uur durende parfumworkshop, € 49/pers. incl. je eigen parfum. Dag. op afspraak 10, 14 en 16 uur.
Fragonard 8: L'usine historique, 20, boulevard Fragonard, www.fragonard.com, sept.-juni 9-18, juli-aug. 9-19 uur, met verkoop vanaf de fabriek.

ETEN EN DRINKEN

Lou Fassum 2: 381, route de Plascassier, tel. 04 93 60 14 44, www.loufassum.com, zo., ma. gesloten, menu € 30 (lunch), rest van het jaar vanaf € 39. Niet ver van de Jardin du MIP zit je op een terras en geniet je behalve van het uitzicht bijvoorbeeld van lamscarré met ratatouille.

Uitneembare kaart: K 2 | **plattegrond**: blz. 79

Rivièra ▶ Antibes

UITSTEKENDE KEUKENS

Uitstekend eten kun je in Gorges du Loup op twee plaatsen: in de Bar-sur-Loup (2 km zuidelijk van Pont-du-Loup) lokt de vroegere meisjesschool **L'Ecole des Filles** (380, avenue Amiral de Grasse, tel. 04 93 09 40 20, www.lecoledesfilles. wixsite.com/ecole, zo. avond, ma. de gehele dag, do. middag gesloten, menu lunch € 25, anders tot € 47) met een bont samenraapsel van meubilair, klassenfoto's en een onconventionele Provence-keuken. In Tourrettes-sur-Loup vind je 's middags bij **Clovis** een sterrenkeuken voor zeer betaalbare prijzen: Julien Bousseau en zijn Duitse vrouw Leah presenteren op een schoolbord tuinbonen met amandelen en olijven, met ingelegde tomaten, parmezaanijs en citroen-basilicum-tempura of kalfsgebraad met erwten-ijzerkruidpuree en rabarber (21, Grand rue, tel. 04 93 58 87 04, www.clovisgourmand.fr, za. middag, ma., di. gesloten menu lunch € 37, anders vanaf € 48).

Bus: Gare routière, Place de la Buanderie, verbindingen met Cannes (lijn 600 en 610), Cagnes-sur-Mer en Nice (lijn 500).

EVENEMENTEN

Expo Rose: 1e weekend van mei. Schitterend feest ter ere van de bloei van de rozen, met rozencorso.
Fête du Jasmin: 1e weekend van aug. Met jasmijn versierde wagens, vuurwerk en bal op de Cours Honoré Cresp.

IN DE OMGEVING

Wilde kloof
Als een stenen adelaarsnest hangt **Gourdon** (ᴍ K 2, www.gourdon06.fr) met zijn burcht boven de westkant van de woeste Gorges du Loup. Nadat je de kloof over de D 3 en de D 6 bent rondgereden, en van het duizelingwekkende uitzicht op de waterval van de Loup aan de oostkust hebt genoten, bereik je het gehucht **Pont-du-Loup** (ᴍ L 2, D 3/D 2210). Het middeleeuwse, smalle Tourrettes-sur-Loup is niet alleen een van de mooiste dorpen van Frankrijk, maar ook de hoofdstad van het viooltje: als in de lente de tuinen bloeien, viert het dorp met een grote optocht de bloemen met het kweken waarvan men eeuwenlang zijn geld verdiende.

Antibes ᴍ L 3

Antibes (76.000 inw.) ontpopt zich als een van de mooiste verrassingen van de Rivièra. Onaangedaan door het leven in de exclusieve villa's van de 'happy few', vlakbij aan de Cap d'Antibes, neemt het leven in de tussen twee baaien ingeklemde oude stad zijn vrolijke, zuidelijk aandoende loop. Aan de kant van de zee verschanst de stad zich achter middeleeuwse muren. En aan de landzijde verheffen zich de Alpes Maritimes. Wat een plek!

Het ervan nemen in de 'Buik van de Côte d'Azur'

Smalle, autovrije straatjes verbinden de twee hoofdpleinen, de **Place Nationale** en de **Place des Martyrs de la Résistance**. Daar tussenin: de bedrijvige markt op de Cours Masséna onder een ijzeren constructie uit 1900 (di.-zo. 6-12 uur). Welkom in de 'Buik van de Côte d'Azur'! In het schemerlicht liggen Cabécou-kazen, aubergines en worsten opgestapeld. Op een bed van ijs liggen dorade, mul, tonijn, zeebaars, rode schorpioenvis, zeeduivel en sardines. Af en toe blaast de lauwe wind wat zeelucht door de knoflookkransen en stokvisvellen. In het verlengde van de Cours Masséna staat het typisch Provençaalse Hôtel de Ville.

Achter het stadhuis verschuilt zich de in de baroktijd verbouwde, oorspronkelijk romaanse **Cathédrale St-Esprit** (9-18 uur) – daarachter glinstert al de zee. Vanuit de voormalige Grimaldi-burcht, nu het **Picasso-museum** (▶ blz. 86), kijk je ook op het water.

Steeds langs de muur

Parallel aan de muren (en met mooi uitzicht op het water!) loopt de Promenade Amiral de Grasse in zuidelijke richting naar het **Musée d'Histoire et d'Archéologie**, waar de drieduizendjarige geschiedenis van de stad, vanaf de stichting als Griekse kolonie Antipolis, met vele vondsten wordt geïllustreerd (in het Bastion Saint-André, di.-zo. 10-12, 14-18 uur, € 3). Naar het noorden kom je eerst bij het stadsstrand, het **Plage de la Gravette**, en dan bij de **Vieux Port**. De beroemdste vestingbouwer van Frankrijk, Vauban, heeft de Vieux-Port versterkt met het Bastion St-Jaume aan de Quai des Milliardaires (!): voordat Nice in de 19e eeuw Frans werd, was Antibes als grensbastion van groot militair belang. Nog afschrikwekkender is het **Fort Carré** in het noorden van de haven (juli-aug. di.-zo. 11-17.30, anders 12.30-16 uur, € 4). Aan zijn voeten ligt de grootste jachthaven van Europa. Een armada van zeiljachten schommelt in het water.

Bij de miljardairs langs

Kleine strandjes omzomen de rondweg rond de Cap d'Antibes, met op het zuidpunt het legendarische **Hôtel du Cap-Eden-Roc** dat behalve een zwembad een duur verblijf tussen perzikkleurige muren belooft (www.hotel-du-cap-eden-roc.com). In 1921 begon van deze kaap het eerste zomerseizoen op de daarvoor alleen in de winter populaire Rivièra – de eerste nauwsluitende badpakken werden hier gezien. De Windsors, Onassis, koning Faroek en internationale miljardairs troffen en treffen elkaar tussen de pijnbomen en op het fijne zandstrand.
Aan de oostzijde strekt zich het **Plage de la Garoupe** uit, waar het krap 2 km lange kustwandelpad Tire-Poil begint. Van de kustweg gaat een weg naar het **uitzichtplateau** met vuurtoren en kapel op de Colline de la Garoupe. Vanhier kun je helemaal tot aan St-Tropez kijken.
Weer terug op de kustweg kijk je al snel over de baai en het silhouet van Antibes, met de bergtoppen aan de horizon.

🏠 Landelijke charme
La Bastide du Bosquet
Charmante chambres d'hôtes in een Provençaals landhuis uit de 18e eeuw, halverwege Antibes en de Cap d'Antibes. Verhuur uitsluitend vanaf drie overnachtingen.
14, Chemin des Sables, tel. 04 93 67 32 29, www.lebosquet06.com, 2 pk/ontbijt vanaf € 138

Twee landhuizen op de Cap d'Antibes bieden een blik achter de schermen: de **Jardin Thuret**, een landsheerlijk park uit 1865 met exotische rariteiten (1, blvd. du Cap, ma.-vr. in de zomer 8-18, anders 8.30-17.30 uur, gratis), en de villa **Eilen Roc**, die eind 19e eeuw door Charles Garnier werd gebouwd voor de toenmalige gouverneur van India (460, av. Beaumont, villa en park wo., 1e en 3e za. van de maand geopend, 14-17 uur, € 2).

🏠 Schuilplaats
La Jabotte
Deze fraaie villa ligt slechts vijf minuten lopen van het Plage de la Salis verwijderd. Het is er landelijk en rustig. Kleine kamers in zuidelijke tinten liggen rond een binnenplaats met mimosa en een sinaasappelboom.
13, avenue Max Maurey, tel. 04 93 61 45 89, www.jabotte.com, 2 pk vanaf € 98

Rivièra ▶ Antibes

🍴 Vlees!
Nacional – Beef & Wine
Er staan ook een paar visgerechten op de kaart, maar verder gaat het in deze trendy brasserie helemaal om rundvlees. Als tartaar of als carpaccio of van de grill, die speciaal uit de VS werd geïmporteerd.
61, place Nationale, tel. 04 93 61 77 30, www.restaurant-nacional-antibes.com, ma. avond, zo. en juli/aug. 's middags gesloten, formule € 20, menu vanaf € 25

🍴 Bella Italia
Oscar's
De kitsch aan de muren nemen we voor lief en we verheugen ons over de zeer goede prijs-kwaliteitverhouding voor een echte Italiaans-Provençaalse keuken, midden in de oude stad. De pasta is zelfgemaakt!
8, rue Rostan, tel. 04 93 34 90 14, www.oscars-antibes.fr, zo., ma. gesloten, formule € 19, menu vanaf € 29

🍴 Glutenvrij
Choopy's
Deze Cupcake & Coffee Shop in de oude stad is populair bij degenen die hun gebak graag glutenvrij hebben en van warme chocolademelk houden.
19, rue du Marc, tel. 04 93 64 90 68, di.-za. 9-18 uur, cupcake ca. € 5

🛍 Winkelen
Markten
Levensmiddelen: Cours Masséna, di.-zo. 6-13 uur. **Vlooienmarkt:** Pl. Audiberti, do. en za. 7-18 uur.

OVERIGENS

'Commune libre du Safranier' heet het buurtje rond de Place du Safranier in de zuidelijke oude stad. Tweeduizend inwoners, een eigen burgemeester en veel oorspronkelijke geesten bepalen de charme van deze 'vrije gemeente'.

✱ De bar met roze Ibizasfeer
Siesta Club
Een van de bekendste discotheken aan de Côte d'Azur, met dansvloeren in het zwembad en aan het strand, en met uitzicht op Antibes en Nice. Idiote prijzen.
Route Bord de Mer (richting Nice) in het Casino La Siesta, www.joa-casino.com, vr., za. 23.30-5 uur, toegang € 20 incl. drankje, zo. 14-22 uur, gratis

✱ Muziekbar
L'Absinthe Bar
Nostalgische bar onder een Provençaalse delicatessenzaak. Absintproeverij.
25, cours Masséna, dag. 9-23, 's zomers tot 0.30 uur.

ℹ Info en evenementen
Maison de Tourisme: 11, pl. Général de Gaulle, 06600 Antibes, tel. 04 92 90 53 00, www.antibes-juanlespins.com. **Trein:** station, Avenue Robert Soleau, tel. 36 35, www.voyages-sncf.com. Verbindingen met Nice en Cannes. **Bus:** busstation, Place Guynemer, tel. 04 93 34 37 60. Bussen naar Cannes, Nice en Cagnes.
Les Voiles d'Antibes: eind mei/begin juni. Zeilregatta, www.voilesdantibes.com.

IN DE OMGEVING

Glaskunst
Verre bullé heet het glaswerk vol luchtbellen dat in de Verrerie van **Biot** (📙 L 3) wordt gemaakt (Chemin des Combes, www.verreriebiot.com. Rondleidingen ma.-za. 9.30-18, 's zomers tot 20 uur, € 3). Biot is bovendien het dorp waar Fernand Léger woonde. Aan de hand van driehonderd werken wordt het leven van deze kunstenaar gedocumenteerd in het **Musée national Fernand Léger** (Chemin du Val-de-Pome, www.musees-nationaux-alpesmaritimes.fr, wo.-ma. 10-18 uur, € 5,50-6,50).

Schilderkunst
Het oude dorp **Haut-de-Cagnes** leefde vroeger van de olijventeelt. In het prachtige renaissancegebouw van

Rivièra ▶ Antibes

Boodschappen doen in luilekkerland, of liever op de Cours Masséna: de markt van Antibes is kleurrijk, vol en uitnodigend – de buik van de Côte d'Azur om precies te zijn. Wie kan dat nu weerstaan?

het Grimaldi-kasteel zet het Musée de l'Olivier daarom de olijf in het zonnetje. In hetzelfde complex verrast het **Musée d'Art moderne méditerranéen** met werken van Dufy, Fujita en Picabia. Knoestige olijfbomen staan rond de Domaine des Collettes, nu Musée Renoir. Hier woonde Renoir van 1908 tot zijn dood in 1919 – en schilderde er met een aan zijn reumatische hand gebonden penseel (alle musea: wo.-ma. mei-okt. 10-12, 14-18, anders tot 17 uur, combiticket € 8).

Bouw- en kookkunst
Aan de ondiepe monding van de Var zijn de futuristische appartementencomplexen aan de Port des Anges van **Villeneuve-Loubet-Plage** van ver zichtbaar (📖 L 3). De in 1970 door André Minangoy ontworpen gebouwen waren eerst omstreden. Over het oude dorp **Villeneuve-Loubet** waakt de vijfhoekige donjon van een burcht. In het dorp zag Auguste Escoffier, oervader van de Franse haute cuisine, in 1846 het levenslicht. Later zwaaide hij de scepter in de keuken van het Grand Hôtel van Monte-Carlo en het Ritz in Parijs, zoals je ziet in het **Musée de l'Art culinaire** in Escoffiers geboortehuis (www.fondation-escoffier.org, zo.-vr. 14-18, juli/aug. dag. tot 19 en wo., vr. 10-12 uur, € 6).

Moderne kunst
Een hoogtepunt in het achterland tussen Antibes en Nizza vind je in St-Paul-de-Vence: de **Fondation Maeght** (📖 L 2). Behalve Chagall hebben ook Utrillo, Matisse, Vlaminck en Braque in St-Paul geschilderd. Het aantal zelfbenoemde kunstenaars in het dorp die in de stijl van de meesters doorschilderen, is dan ook groot. Originelen vind je in de kunststichting op een stuk bosgrond voor het dorp. De collectie in de galerie omvat een uniek spectrum van de moderne kunst van de 20e eeuw: schilderijen, beelden, grafieken en keramiek, van Arp tot Zadkine. De Fondation is echter meer dan een collectie – kunstenaars krijgen hier de gelegenheid elkaar te ontmoeten en te werken. Behalve de expositieruimten zijn er kunstenaarswoningen, een bibliotheek en een filmzaal. De architectuur van de patio's en tuinen is aan het landschap aangepast. Rode bakstenen verzachten de hardheid van het beton. Waterbassins weerspiegelen de gebouwen, waaraan Chagall, Ubuc en Tal-Coat mozaïeken en Miró en Giacometti beelden hebben toegevoegd (623, chemin des Gardettes; ca. 1 km buiten St-Paul-de-Vence; www.fondation-maeght.com, juli-sept. 10-19, okt.-juni 10-18 uur, € 15).

Meesterwerken met zeezicht – **Musée Picasso in Antibes**

De wegen naar de kunst voeren wel eens over het strand. In augustus 1946 vroeg Romuald Dor de la Souche, conservator van het Musée Grimaldi in Antibes, Pablo Picasso of hij een schilderij voor het museum kon maken. Tijdens een uitstapje naar het strand van Golfe-Juan zegde Picasso toe. De rest is kunstgeschiedenis.

Picasso was enthousiast over het gebouw met kantelen in de stadsmuur van Antibes; hij nam de uitnodiging van Romuald Dor de la Souche aan om in de Grande Salle op de tweede verdieping tijdelijk zijn atelier in te richten. Van half september tot half november 1946 nam de kunstenaar met zijn jonge partner Françoise Gilot zijn intrek in het Château d'Antibes. In die twee maanden ontstonden 23 schilderijen en 44 tekeningen, die hij bij zijn vertrek aan de stad schonk. Met andere werken, die Picasso's laatste vrouw Jacqueline in 1991 aan de stad naliet, vormen ze de kern van het Musée Picasso.

Picasso's liefde voor geiten is legendarisch. In het schilderij *La Chèvre* komt deze tot uiting. Hier schilderde hij de geit alleen nog maar. In de jaren 50 liep zijn geit Esmeralda vrij rond in zijn huis in Cannes.

De schenking Hartung-Bergman

Met de schenking van het kunstenaarsechtpaar Hans Hartung, grondlegger van de *abstraction lyrique,* en zijn vrouw, de Noorse schilderes Anna-Eva Bergman, begint het bezoek op de **begane grond van het Château Grimaldi**. Te zien zijn abstracte schilderijen van Anna-Eva Bergman, glanzend van het bladgoud, en monumentale, explosieve composities op linnen van Hans Hartung uit de periode van de jaren 40 tot de jaren 80.

Een imposante, uitnodigende trap voert naar de 1e verdieping, waar in de **Salle Dor de la Souche** behalve tijdelijke tentoonstellingen de Collection Nicolas de Staël wordt getoond. Te zien zijn onder meer de werken *Nature morte fond bleu* en *Le Grand Concert*, die de schilder tijdens zijn verblijf in Antibes van september 1954 tot zijn zelfmoord in maart 1955 heeft gemaakt.

Musée Picasso in Antibes #12

De Picassodonatie

De tweede verdieping staat geheel in het teken van Pablo Picasso. In de **grote zaal**, zijn vroegere atelier, zijn in 1946 het leven bejubelende, van kracht en geluk overlopende werken als *La Joie de vivre*, het op de wand geschilderde *Les Clefs d'Antibes* en *La Femme aux oursins* ontstaan. Saters, centauren en faunen getuigen van de oriëntatie van de schilder op de mythologie van de oudheid – het kasteel rust op fundamenten van een Griekse acropolis; Grieken uit Klein-Azië stichtten namelijk Antipolis, het latere Antibes.

Onder de tekeningen vallen op *La Suite Antipolis*, *Les Têtes de faune* en *Etudes pour une figure féminine*. Al in 1948 slaagde het museum erin 78 stukken keramiek uit het Atelier Madoura in Vallauris aan te trekken, waaronder *Condor* en het liggende geitje, *Le Cabri couché*.

Droomfiguren, van voren en van achteren.

Kunst op het terras

Een blik uit een van de vensters van het kasteel treft bijna altijd de zee, maar eigenlijk begint pas op het **terras** een werkelijke dialoog tussen het inktblauw van het zeewater en de buiten opgestelde kunstwerken. De sculpturen van Germaine Richier, Joan Miró, Bernard Pagès of van Anne en Patrick Poirier steken af tegen het blauw van de Middellandse Zee.

Een nieuw herkenningspunt

In 2007 nodigde het museum Picasso's Catalaanse landgenoot Jaume Plensa uit voor een tentoonstelling. Drie jaar later kochten de stad en de vriendenkring van het museum zijn 8 m hoge, uit letters samengestelde beeld **Le Nomade** 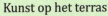. De lichte aluminiumreus kijkt vanaf een bastion van de Vauban-haven uit over de Middellandse Zee en is het nieuwe herkenningspunt van Antibes. Je komt de in 1955 in Barcelona geboren kunstenaar vaker tegen aan de Côte d'Azur. Jaume Plensa heeft ook het monumentale kunstwerk *Conversation* op de Place Masséna in Nice gemaakt (► blz. 96).

INFO EN OPENINGSTIJDEN
Musée Picasso: www.antibes-juanlespins.com/culture/musee-picasso, half juni-half sept. di.-zo. 10-18, half sept.-half juni 10-13, 14-18 uur, € 6 toegang, tot 18 jaar gratis.

ETEN EN DRINKEN
In de oude stad zit **Entre 2 Vins**, een leuke wijnbar met Corsicaanse worst, kazen en lekkere dagschotels die op een schoolbord vermeld staan (2, rue James Close, tel. 04 93 34 46 93, zo., ma. gesloten, à la carte ca. € 25).

Uitneembare kaart: L 3

Nice M 2

In Nice (344.000 inw., met agglomeratie 944.000 inw.) heten de winkeliers Graziani of Caputo – een bewijs dat deze families enkele generaties eerder als dagloner uit Piëmonte naar de stad zijn gekomen. De oude stad is zo smal als de straatjes in Napels, alleen is hier krachtig gesaneerd. Langs de promenade overheerst een ander beeld. Melkachtig turkoois spoelen de golven tegen het kiezelstrand. De wind ruist door de palmen. 'La lumière de Nice', dat heel bijzondere licht, dat het in perzikroze en citroengeel gekalkte kustfront als onder een schijnwerper laat oplichten, houdt iedereen in zijn ban.

Langs de promenade

Palmen, priëlen, banken en stoelen staan langs de boulevard, de **Promenade des Anglais** 1. Achter de in de branding rammelende kiezelstenen licht de zee blauwgroen op, verder naar de horizon wordt hij inktblauw. Het beeld is van een bijna surrealistische schoonheid, met hotelpaleizen die als herkenningspunten erboven uitrijzen: allereerst het Negresco (nr. 37, rode hoekkoepel), dan het West-End (nr. 31, het in 1855 onder de naam Victoria gebouwde eerste grand hotel van de stad), het Westminster (nr. 27) en het Royal (nr. 23). Een architectonische uitzondering vormt het Palais de la Méditerranée in zuivere art deco (nr. 17), met achter de gevel een luxehotel. Aan het eindpunt van de wandeling ligt de Jardin Albert met het speelse Théâtre de Verdure.

Villa's bekijken, musea bezoeken

Feodale villa's en schitterende hotelpaleizen herinneren aan de grote tijd van de chique wijk **Cimiez** 2. Vele daarvan omzomen de Boulevard de Cimiez en hebben nu andere bestemmingen. Het Hôtel Régina, waarvoor een beeld van Queen Victoria staat en waar deze monarch ook vaste gast was, is sinds lang een chic appartementencomplex. Het conservatorium was vroeger de Villa Il Paradiso, het Château de Valrose is nu onderdeel van de universiteit. **Conservatorium** en **Musée National Chagall**, met het zeventiendelige werk *Le Message biblique* (www.musee-chagall.fr, wo.-ma. 10-17, 's zomers tot 18 uur, € 9) markeren het begin van een museumroute, die naar de antieke arena en thermen en het **Musée**

Het strand van Nice is eindeloos. Waar zouden onze vrienden liggen?

d'**Archéologie** (www.musee-archeologique-nice.org) met opgravingsvondsten uit de oudheid voert (wo.-ma. 10-18 uur, gratis). Het **Musée Matisse**, waar beroemde schilderijen als *Nu au fauteuil plante verte* en *Fenêtre à Tahiti* worden tentoongesteld, voegt zich harmonieus in het geheel (164, avenue des-Arènes-de-Cimiez, www.musee-matisse-nice.org, wo.-ma. 10-18 uur, € 10). Aan de

> **CULTUUR, MAAR DAN GOEDKOOP**
>
> De zeven dagen geldige **museumpas** voor alle stadsmusea kost € 20!

De moordaanslag van 14 juli 2016, waarbij 86 mensen door een radicale moslim op de Promenade des Anglais werden gedood, is niet vergeten. Op de eerste verjaring van deze daad werd het Mémorial ter ere van de slachtoffers ingewijd.

oostflank van de Cimiez-heuvel ligt het oude franciscanenklooster, dat als **Musée Franciscain Mobiliar** liturgische voorwerpen uit de geschiedenis van de orde exposeert (Av. Monastère Cimiez, ma.-vr. 10-12, 15-17.30 uur, gratis).

Bij de Russische vorstin
De villa waarin het **Musée des Beaux-Arts** 3 is gevestigd werd in 1878 voor de Russische vorstin Kotschubey gebouwd. In dit fraaie gebouw wordt over twee verdiepingen kunst uit de 15e-20e eeuw getoond, waaronder schilderijen van Kees van Dongen en Raoul Dufy. De eigenlijke eyecatcher is echter de villa zelf (33, avenue des Beaumettes, www.musee-beaux-arts-nice.org, di.-zo. 10-18 uur, in de museumpas).

Kunst als wandeling
'La Promenade des Arts' heet de museumroute, van het achthoekige, moderne Théâtre de Nice naar het congrescentrum Acropolis. Moderne beelden flankeren de weg. De opmaat vormt het **Musée d'Art Moderne et d'Art contemporain** 4 (MAMAC). Alleen al het uitzicht vanaf de hooggelegen passages tussen de vier museumgangen is een bezoek waard. De collectie, van impressionisme tot Fluxus, is ook nog eens grandioos. Natuurlijk behoren daar ook enkele blauwe werken van Yves Klein bij, die uit Nice afkomstig was (www.mamac-nice.org, di.-zo. 10-18 uur, in de museumpas). Dan volgt het **Muséum d'Histoire naturelle** 5: dit oudste museum van Nice heeft zijn meeste schatten in het archief opgeborgen, maar de kleine expositie over biodiversiteit is de moeite waard (www.mhnnice.org, di.-zo. 10-18 uur, in de museumpas).

De burchtheuvel bestormen
Vele wegen lopen de **Colline du Château** 6 op, vanuit de oude stad bijvoorbeeld de treden van de Montée du Château. Het kan ook gemakkelijker, met de lift aan de voet van de Tour Bellanda aan de Quai des Etats-Unis (gratis). Van de burcht, die zijn naam gaf aan de beboste heuvel, bleef behalve een paar fundamenten niet veel over. Het uitzicht reikt van de oriëntatietafel

De **Russisch-orthodoxe kathedraal** 7 is de grootste buiten Rusland en behoort nog altijd tot de Russische staat. De met vijf uientorens bekroonde kerk werd vanaf 1903 op kosten van tsaar Nicolaas II gebouwd (2, av. Nicolas II, alleen tijdens de mis geopend, za. 's zomers 18, 's winters 17, zo. 10 uur).

#13

Met een scheutje dolce vita – **oude stad van Nice**

Le vieux Nice, de doolhofachtige, grotendeels autovrije oude stad, straalt in citroengeel, abrikoos en pistachegroen. In de straatjes rijgen zich coole bistro's en wijnbars aaneen. Familiebedrijven bieden verse pasta en zelfgemaakte gnocchi aan. Hier en daar hangt er een waslijn boven je hoofd. Je waant je in Italië.

Straatjes en een klokkentoren – qué bello!

Tout Nice treft elkaar op de **Cours Saleya** 8, die zo groot is als een voetbalveld. Waar vroeger de schepen in de werven lagen, rijgen zich nu cafés en restaurants aaneen. Voor de terrassen wordt op di.-zo. markt gehouden: bloemen vind je in het bovenste deel, fruit en groenten iets lager en op maandag is er een antiek- en vlooienmarkt. De in uitbundige barok gebouwde Chapelle de la Miséricorde aan de noordzijde, de Chapelle du St-Suaire aan de oostelijke kopse kant, de de op de Cours uitkomende Place Pierre Gautier en de dominerende prefectuur, de vroegere residentie van de hertogen van Savoye, verlenen het plein een theatraal decor.

Het hart van de oude stad

Vergeleken met de weidsheid van de Cours Saleya doet de **Place Rossetti** 9 intiem aan. Voor ijssalon Fenocchio staat altijd een rij. Boven de drukte rijst de met kleurig geglazuurde tegels bedekte koepel van de kathedraal Ste-Réparate uit, waarvan de barokgevel wordt geflankeerd door een campanile. Binnen wemelt het van de engeltjes, pronken barokaltaren en glanst het marmer zijdemat, allemaal ter ere van Sainte Réparate, de patroonheilige van Nice.

Straatjes en galerijen

De smalle Rue Benoît Bunico was vroeger het joodse getto. In een parallelstraatje verderop in de Rue Droite zijn galeries en kunstnijverheidswinkels gevestigd. Het **Palais Lascaris** 10 op

OPSTAND

Trek gekregen? Socca heet het van kikkererwtenmeel, olie en water gebakken brood, waarvoor in 1908 een volksopstand dreigde uit te breken. De stadsoudsten wilden de soccawinkels sluiten. De oude stad rebelleerde en eet nog altijd socca, bijvoorbeeld bij René Socca (zie rechts).

nr. 15 is een prachtig voorbeeld van Genuese barok en dient nu als Volkenkundig museum. Op de statige trap voel je je als een lid van de oude adel van Nice!

Vismarkt en vreetstraat

Rond de **Place St-François** 11, met in de ochtend een kleine vismarkt, draait alles om het genieten. De van het plein naar het noordoosten lopende Rue Pairolière geldt met zijn groentewinkels, bakkers en specerijenverkopers als de 'buik van Nice.' In zuidwestelijke richting verandert de straat van naam (Rue du Collet, Rue Boucherie) en wordt hij dankzij de vele bistro's die er zitten de vreetstraat van de oude stad.

Haast als een dorpsplein

Aan de **Place Ste-Claire** 12 wordt het dorps. Een olijfboom en een linde bieden schaduw. Trompe-l'oeilschilderingen sieren de gevel van de kerk van het Couvent de la Visitation, waarnaast een trap naar de burchtheuvel omhoog voert. Ook de straatjes in het zuiden (Rue des Serruriers, Rue de la Loge) liggen buiten de toeristenstroom. Nog eenmaal je hals uitrekken en je staat opeens voor de **Jezuïetenkerk St-Jacques-Gesù** 13, waarvan de barokachtige inrichting opnieuw op de Italiaanse achtergrond van Nissa la bella wijst.

Paleis na paleis

Over de drukke **Rue de la Préfecture** 14, met zijn oude, vertrouwde winkels, zoals die van de paraplufabrikant Bestengo (nr. 17) en chique bistro's gaat het naar de **Place du Palais** 15, waar de neobarokke kolos van het Palais de Justice de aandacht trekt. Eleganter dan het Paleis van Justitie zijn het ertegenover gelegen Palais Rusca met zijn klokkentoren en het edele Palais Spitalieri de Cessole op nr. 5. Het is overduidelijk, we hebben het epicentrum van de macht bereikt. En dat geldt ook voor de van het plein afsplitsende straten. In het Palais Hérard op de hoek met de Rue Alexandre Mari zetelden ooit verschillende voorname plaatselijke families.

INFO EN OPENINGSTIJDEN
Bloemen- en weekmarkt: di.-zo. 8-13 (bloemen tot 16 uur).
Kathedraal Ste-Réparade: dag. 9-12, 14-18 uur.
Palais Lascaris/Musée des Arts et Traditions populaires: wo.-ma. 10-18 uur, www.palais-lascaris-nice.org, € 10, tot 18 jaar gratis.

ETEN EN DRINKEN
Je hebt geluk als je een tafeltje bij **Fenocchio** 8 kunt krijgen: Place Rosetti, 9-24 uur, dec.-feb. gesloten. Het uitzicht op de Place Rossetti krijg je er gratis bij, ijs en sorbets – gemaakt van eekhoorntjesbrood, tomaat, papaver, kauwgom – ook uit de hand.
Dat geldt ook voor **René Socca** 9, waar kikkererwtenbrood en pissaladière het beste smaken buiten op een bankje of gewoon uit de hand (hoek Rue Pairolière/Rue Miralheti, di.-zo. 9-21, juli-aug. tot 22 uur).

Uitneembare kaart: M 2 | plattegrond: blz. 92

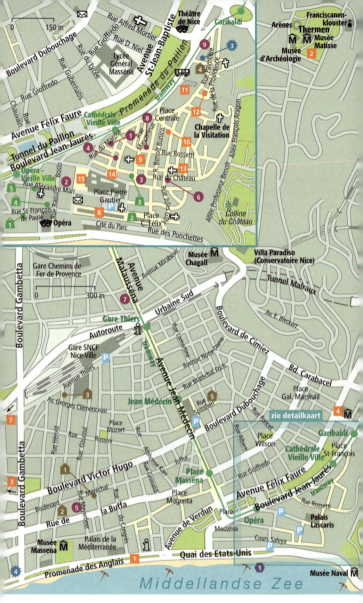

op het Terrasse Nietzsche over de oude stad, de haven, de Mont Boron en de Promenade des Anglais.

Een ommetje naar de nieuwe wijk
We nemen de tram tot halte Place Garibaldi en volgen de groep jonge mensen in uitgaansstemming richting de Vieux Port. Meer dan de helft van de inwoners van Nice is jonger dan veertig. Steeds meer jonge zelfstandigen trekken naar de stad. In de Rue Bonaparte lijkt het of ze allemaal met elkaar hebben afgesproken. Nergens

NICE

Bezienswaardig
1. Promenade des Anglais
2. Cimiez
3. Musée des Beaux-Arts
4. Musée d'Art Moderne et d'Art contemporain (MAMAC)
5. Muséum d'Histoire naturelle
6. Colline du Château
7. Russisch-orthodoxe kathedraal
8. Cours Saleya
9. Place Rossetti
10. Palais Lascaris
11. Place St-François
12. Place Ste-Claire
13. Jezuïetenkerk St-Jacques-Gesù
14. Rue de la Préfecture
15. Place du Palais

Overnachten
1. Windsor
2. Villa Rivoli
3. Villa Otéro
4. Villa La Tour
5. Auberge de Jeunesse Les Camélias

Eten en drinken
1. Le Comptoir du Marché
2. La Merenda
3. Olive & Artichaut
4. Bar des Oiseaux
5. Le Canon
6. Acchiardo
7. Arlequin Gelati
8. Fenocchio
9. René Socca

Winkelen
1. Moulin Alziari
2. Marché du Cours Saleya
3. Maison Barale
4. Confiserie Auer
5. Papeterie Rontani

Uitgaan
1. Rosalina Bar
2. Le Plongeoir
3. Cave de la Tou
4. Hi Beach

Sport en activiteiten
1. Baie des Anges

wordt het imago van Nice als plaats waar welgestelde senioren hun pensioen doorbrengen zo drastisch weerlegd als in deze verkeersluwe uitgaansstraat en de aangrenzende straten. De voormalige Renault-garage is nu de coole Rosalina Bar, een echt populair trefpunt. Een elektronicawinkel ernaast is nu *Café bio* en *gay friendly*. Dan staan er heuphoge kandelaars op het troittoir. Ernaast staat een vergulde, ietwat verloederde Louis XVI-fauteuil: op naar de volgende bar.

GEBRUIK

Klokslag twaalf klinken kanonschoten vanaf de burchtheuvel. Zo wordt de 'High Noon à la nicoise' ingeluid. Dit bijzondere gebruik gaat terug op een Brit. Ontregeld door de losse etenstijden aan de Côte d'Azur liet sir Thomas Coventry in 1862 elke dag precies om twaalf uur een kanon ontsteken op het hoogste punt van de oude stad. Uit de grap van deze Schot groeide een gebruik.

ETEN, SHOPPEN, SLAPEN

Overnachten

Vriendelijk stadshotel
Windsor ❶

Nice' (avant-)garde van hedendaagse kunstenaars, van Ben tot Claude Viallat, is hier met werken vereeuwigd. Andere kamers zijn met exotische landschapsfresco's of reusachtige reclameposters gedecoreerd. Sprookjesachtig: de tropische tuin met zwembad en papegaai.
11, rue Dalpazzo, tel. 04 93 88 59 35, www.hotelwindsornice.com, 2 pk vanaf € 145

Rivièracharme
Villa Rivoli

De Duitse hoteleigenaresse Barbara Kimmig heeft het vak in de nabijgelegen hotellegende 'Negresco' geleerd. Met dit prachtige boetiekhotel kon zij de droom van een eigen hotel vervullen. Of de met toile de jouy gestoffeerde en met antiek gemeubileerde kamers te meisjesachtig zijn? Nee hoor! Ze zijn cosy en charmant.
10, rue Rivoli, tel. 04 93 88 80 25, www.villa-rivoli.com, 2 pk vanaf € 155

Rivièra in een nieuw jasje
Villa Otéro ❸

De ligging dicht bij het station is praktisch, en die bij de elegante winkelstraten van het Quartier des Musiciens verleidelijk. De met azuurblauwe fauteuils gemeubileerde lounge nodigt uit om wat langer te blijven zitten. En de kleurrijke en vriendelijke kamers huldigen de Rivièra in een frisse, 21e-eeuwse stijl.
58, rue Hérold, tel. 04 93 88 96 73, www.villa-otero.com, 2 pk vanaf € 160

Boven de daken van Vieux Nice
Villa La Tour ❹

Doolhofachtig gebouw in de oude stad, een voormalig klooster uit de 18e eeuw. Sommige kamers steken letterlijk boven de daken van Nice uit. Piepklein dakterras. Op 10 min. van het strand. Tip: parkeergarage 'Théâtre' aan de Avenue St-Sébastien ligt om de hoek.
4, rue de la Tour, tel. 04 93 80 08 15, www.villa-la-tour.com, 2 pk afhankelijk van seizoen en categorie € 78-240

Jeugdherberg
Auberge de Jeunesse Les Camélias

Voormalig herenhuis uit de belle époque. Centraal gelegen, kamers met 3-8 bedden, kleine tuin.
3, rue Spitalieri, tel. 04 93 62 15 54, www.hifrance.org, reservering online via nice-les-camelias@hifrance.org, € 22-29 p.p. incl. ontbijt

Eten en drinken

Over de toonbank
Le Comptoir du Marché ❶

De pizza (€ 9) gaat hier als warme broodjes over de toonbank. Voor wie een plaats aan een tafeltje heeft bemachtigd: er is geen kaart, maar een schoolbord waarop lekkere bistrogerechten staan. Een goede keus aan open wijnen. Al met al een neobistro in de stijl van Armand Crespo, de bistroking van de oude stad van Nice.
8, rue du Marché, tel. 04 93 13 45 01, zo., ma. gesloten, hoofdgerecht vanaf € 15, menu ca. € 30

Legende
La Merenda ❷

Er is geen telefoon, creditcards worden niet geaccepteerd, de *tarte de menton*

Rivièra ▶ Nice

is de beste van de hele Rivièra, de *petits farcies* zijn een gedicht. Laat het alsjeblieft zo blijven!

4, rue Raoul-Bosio, kein T., www.lamerenda.net, za., zo. gesloten, hoofdgerechten vanaf € 17. Geen creditcards!

Kleine bistro, grote klasse
Olive & Artichaut ❸

Moderne hoekbistro met *open kitchen* en een ambitieuze keuken, het geheel onder het motto *mer et montagne*. Het heeft zich snel rondgesproken dat de jonge, door Ducasse opgeleide chef de cuisine wonderen verricht met vis en lam en speenvarken. Aardige bediening. Absoluut reserveren!

6, rue Ste-Réparate, tel. 04 89 14 97 51, www.oliveartichaut.com, ma., di. gesloten, menu € 32

Pasta basta
Bar des Oiseaux ❹

Een gemeenschappelijk project met Barale, de pastafabriek in de oude stad. Pastagerechten bepalen dan ook de kaart, zoals linguine met saffraansaus en op de huid gegrilde kabeljauw en ravioli met prei en een saus van zwaardscheden. Ook heel lekker: gnocchi met eekhoorntjesbrood.

5, rue St-Vincent, tel. 04 93 80 27 33, zo., ma. gesloten, formule € 20, menu ca. € 30

Een echt kanon
Le Canon ❺

De gaffelmakreel (een tonijnachtige witvis) wordt geleverd door visser Steve Molinari. Het lam komt uit het bergdorp Colmars-les-Alpes, de forel uit Roquebillière. Op de wijnkaart staan uitsluitend *vins naturels*. Als alternatief adviseert eigenaar Sébastien Perenetti een biertje uit de Brasserie du Barbare in La Turbie. En: de keuken van Elmahdi Mobarik is verfrissend eenvoudig en verrassend goed.

23, rue Meyerbeer, tel. 04 93 79 09 24, za., zo. gesloten, formule € 17, menu vanaf € 24

Nice forever
Acchiardo ❻

Een familiebedrijf, zoals kenmerkend is voor de oude stad van Nice. Papa Acchiardo vermaakt de oude mannen aan de toog, de zonen rennen van tafel naar tafel, de dochter ontvangt de gasten. Geen culinaire hoogvlieger, maar sinds 1927 een betrouwbaar adres voor onvervalste regionale burgermanskost, zoals *merda de can* (gnocchi), *daube* (in rode wijn gesmoord rundvles) en gefrituurde courgettebloemen. Een uitstapje terug naar de wortels van de neobistrohype van Nice.

38, rue Droite, tel. 04 93 85 51 16, za., zo. gesloten, menu vanaf € 22

🛍 Winkelen

Olijfolie
Moulin Alziari

De topper is nog altijd de *huile d'olive douce vierge extra*. De *huile d'olive fruitée douce Grand Cru* van Cailletier-olijven is iets bitterder. De *huile d'olive fruitée intense* wordt uit groene olijven geperst en kenmerkt zich door levendige, peperige aroma's. De molen uit 1868, waarin als laatste in Europa nog volgens de *méthode génoise* wordt gewerkt, kan worden bezichtigd (nov.-mrt.).

Molen (met winkel): 318, boulevard de la Madeleine, tel. 04 93 85 76 92, www.alziari.fr, ma.-vr. 9-12.30, 14-18 uur; winkel oude stad: 14, rue St-Francois-de-Paule, ma.-za. 8.30-12.30, 14.15-19 uur

Meer markt gaat niet
Marché du Cours Saleya

Toeristenattractie, inkooppunt voor de chefs van de restaurants uit de oude stad, trefpunt van 'tout Nice', dat is de markt allemaal. Vooral op zaterdag is het groente- en fruitaanbod in het oostelijke deel en het verkeersarme plein enorm. Op het westelijke gedeelte, de Marché aux Fleurs, worden bloemen en planten verkocht. Op maandag nemen de antiek- en curiosahandelaren uit Nice en het gehele departement het oude gevels en cafeterrassen omringde plein over: de Marché à la brocante is nog altijd een gouden tip voor wie op zoek is naar een mooie ontdekking.

Volgende halte: kunst – tramlijn 1

Dertien tramhaltes, dertien kunstwerken, een grafisch concept, een soundtrack, vijftien kunstenaars: in Nice komt de kunst per tram de openbare ruimte in. Over een afstand van 8,7 km zoeft lijn 1 door een stedelijk landschap dat met moderne kunst is ingericht.

Een grote T markeert de haltes. T voor tram, T voor totems – zo noemt de Parijse graficus en typograaf Pierre di Sciullo zijn in oostelijke richting oker-rood en in westelijke richting blauw gelakte lettersculpturen.

B voor Ben

Ben Vautier, alias Ben, is een van de belangrijkste kunstenaars van Nice. Zijn artistieke richtingen heten Fluxus, performance en Figuration Libre. Voor de haltes van lijn 1 maakte Ben zwarte borden waarop hij gedachten, bon mots en woordspelingen schreef, die de 'passagiers tot lachen en nadenken' moesten aanzetten. We citeren: 'l'art partout', 'le nouveau est vieux' of 'imaginer autre chose'.

La vie en bleu

Boven de halte **Jean Médecin** schijnt 's avonds blauw licht. Yann Kersalé, die de lichtinstallatie voor het Sony Center in Berlijn heeft ontworpen, spande over de brede as van de Avenue Jean Médecin een onweer van blauwe, dynamische pijlen die samen een lichtfirmament vormen. Blauw 'drukt oneindigheid van de ruimte uit en symboliseert de oneindigheid van de tijd', legt Kersalé uit.

Praten boven het plein

'Conversion à Nice' noemt de Catalaan Jaume Plensa het meest in het oog springende kunstwerk langs lijn 1. Op het stedelijke middelpunt van de **Place Masséna** zitten langs de tramrails zeven 's avonds van binnen in verschillende kleuren oplichtende figuren hoog op een stèle. Elk vertegen-

De soundtrack voor lijn 1 heeft multimedia-artiest en componist Michel Redolfi op de synthesizer geschreven. Elke halte heeft zijn eigen jingle, die afhankelijk van het uur van de dag, of het een werk- of een feestdag is, of een bijzondere gelegenheid (bijv. Nieuwjaar), varieert. De teksten zijn ingesproken door beroemde acteurs als Michael Lonsdale en Daniel Mesguich.

Tramlijn 1 *#14*

Pas maar op, wie daar onschuldig poseert – Big blue brother is watching you.

woordigt een continent en ze lijken allemaal met elkaar te praten.

Poort naar de oude stad

Porte Fausse is een passage ter hoogte van **halte Cathédrale-Vielle Ville**, waarvan de treden omlaag voeren van de nieuwe naar de oude stad. De van oorsprong Turkse kunstenaar Sarkis heeft het gewelf met goud gedecoreerd en de wanden met marmeren platen in verschillende kleuren, die als fresco's aandoen, versierd. De materialen verwijzen naar de antieke wortels van Nice.

Het blauw van Yves Klein

'Blue' noemt Gunda Förster de blauwe neonverlichting aan de spoorwegbrug ter hoogte van de **haltes Gare Thiers** en **Vauban**. Het is het blauw van Yves Klein, waarmee de Berlijnse deze in Nice geboren wegbereider eer betoont en de eigenaardigheden van het stedelijk landschap met een lichtinstallatie benadrukt.

INFO EN OPENINGSTIJDEN
Office de Tourisme: ▶ blz. 99, rondleidingen voor groepen vanaf 5 pers. vr. 19 uur naar de kunstwerken langs lijn 1, € 8/pers., plus € 3 voor het tramkaartje, alleen na reservering!
Internet: tramway.nice.fr/ligne-1/art-dans-ville/les-artistes/.

ETEN EN DRINKEN
Arlequin ❼: 9, avenue Malausséna, www.arlequin-gelati.com, juli-sept. di.-vr. 11-24, za., zo. 10-24, mrt.-juni, 1e helft okt., dec. di.-zo. 11-21 uur, halte Gare Thiers. Zin in een ijsje? Wat dacht je van *chocolat à l'orange*, *marron glacé*, roomijs met saffraan, rozenwater en pistache naar Perzisch recept?

Uitneembare kaart: M 2 | **plattegrond**: blz. 92

Rivièra ▶ Nice

Cours Saleya, di.-zo. bloemen- (di.-za. 7-17.30, zo. 7-13 uur) en levensmiddelenmarkt (7-13 uur), ma. vlooien- en antiekmarkt (8-17 uur)

Pasta en polenta
Maison Barale 🟢

Vierde generatie *vermicellier* (pasta-maker) meldt een bord in deze winkel in de oude stad. Ravioli van klassiek (ravioli nicois met daube-vulling) tot experimenteel (met ingelegde citroenschil en gember), pasta, polenta en panisse (deegrepen van kekererwtenmeel om te frituren).

7, rue Ste-Réparate, tel. 04 93 85 63 08, www.maison-barale.fr, wo.-za. 8-13, 15.30-19, zo. 8-13 uur

---

LEKKERNIJEN

De smalle Rue Pairolière geldt als de 'buik van Nice'. Bij de **Boucherie de la Tour** vind je de beste *figatelli*, met knoflook gekruide worstjes. Bij het **Maison de l'Olive** worden amandelgrote cailletier-olijven afgewogen. De stokvis voor een *estocaficada* of het kekererwtenmeel waarvan elke huisvrouw in Nice in een handomdraai het deeg voor een *socca* kneedt, koop je bij de **Epicerie Fine Glandeves.**

Bonbons et chocolats
Confiserie Auer 🟢

Kristallen kroonluchters hangen boven het stucwerk en de vitrines in roomwit neorococo. Gesuikerde mandarijnen, aardbeien, vijgen en meloenen liggen te glanzen in gelazuurde aardewerk schalen. Gesuikerde gember en olijven worden in mooie potten uitgestald. *Fruits confits* van eigen makelij blijven het uithangbord van deze in 1820 geopende confiserie.

7, rue St-Francois-de-Paule, tel. 04 93 85 77 98, www.maison-auer.com, di.-za. 9-18 uur

Koninklijke papierwaren
Papeterie Rontani 🟢

Deze heerlijk ouderwetse papierwaren-winkel leverde al aan koningin Victoria. En nu komen wij er behalve fijn briefpapier ook boeken over Nice en kunstenaarsbenodigdheden kopen.

5, rue Alexandre Mari, tel. 04 93 62 32 43, di.-vr. 8.30-12, 14.30-19, za. slechts tot 18 uur, ma. alleen 's middags

---

☀ Uitgaan

Uitgaan in een garage
Rosalina Bar 🟢

Een leuke bar in shabby chique stijl – dit was ooit een Renault-garage. Altijd vol. Goede open wijnen en een kleine kaart met Corsicaanse charcuterie, inktvis à la plancha, gnocchi.

16, rue Lascaris, tel. 04 93 89 34 96, dag., onregelmatige openingstijden

Schip ahoi!
Le Plongeoir 🟢

Deze stijlvolle bar met scheepsplanken-vloer en zeildoekdak troont op een rots in zee. Je komt er via een metalen trap. Ideaal voor een sundowner!

60, boulevard Franck Pilatte, tel. 04 93 89 34 96, www.leplongeoir.com, dag., onregelmatige openingstijden

Fijne wijn
Cave de la Tour 🟢

Deze nostalgische wijnzaak wordt sinds 1947 door dezelfde familie geleid. Aan de toonbank en op het terras heb je een goede keus aan open wijnen, o.a. van de lokale AOP Bellet. Er is ook een kleine lunchkaart.

3, rue de la Tour, tel. 04 93 80 03 31, www.cavedelatour.com, zo. middag, ma. gesloten

So cool, so beach
Hi Beach 🟢

Het strand van dit designhotel lokt met coole priëlen, koele rosé en veel *beautiful people*. In de bijbehorende Bar de la Plage is de sfeer ontspannen en het leven geheel in overeenstemming met de clubbingfactor.

47, promenade des Anglais, tel. 04 97 14 00 83, apr.-half juni dag. 9-18, half juni-sept. dag. 9-24 uur

Sport en activiteiten

Zwemmen en zonnen
8 km (!) kiezelstrand aan de **Baie des Anges** ❶: in het middelste deel zijn ligstoelen en parasols te huur tegen pittige dagtarieven. Een tiental geëxploiteerde stranden verdeelt het terrein. Bij de inheemse bevolking is het Castel Plage aan de voet van de burchtheuvel populair. De Blue Beach ter hoogte van het Negresco is ook heel mooi. Het Hi Beach is vooral hip.

INFO

Nice Tourisme: 5, promenade des Anglais, F-06302 Nice Cedex 4, tel. 08 92 70 74 07 (€ 0,34/min.), www.nicetourisme.com. Verkoopt de French Riviera Pass (1, 2 of 3 dagen geldig, € 26-56), die in veel musea en bezienswaardigheden in Nice en omgeving recht geeft of vrije of gereduceerde toegang.
Vliegtuig: internationale luchthaven, www.nice-aeroport.fr, met directe vluchten naar Amsterdam, Eindhoven, Groningen, Brugge, Brussel en Charleroi. Bus 98 naar het busstation, 99 naar het station en het centrum, elk halfuur.
Trein: station, Avenue Thiers, tel. 36 35, www.voyages-sncf.com. Treinen naar alle kustplaatsen, van St-Raphaël tot Menton, TGV naar Parijs, Metz, Lille, Genève.
Bus: Gare routière, 5, boulevard Jean-Jaurès, www.lignedazur.com, vele lijnen naar het achterland en internationale verbindingen.
Boot: S.N.C.M., quai du Commerce, www.sncm.fr. Veerboot Nice-Corsica.
Lokaal openbaar vervoer: veel stadsbussen en een tram, Ligne Azur, www.ligneazur.com. Verkoop van 7-daagse pas of 10-kaartenboekje in de bus, voor de tram bij de automaten. In de tram nog afstempelen!
Fiets: Vélobleu, tel. 04 93 72 06 06, www.velobleu.org, 1750 huurfietsen bij 175 stations, betaling per creditcard of mobiel.

Zin om in het groen te chillen? Ga dan naar de **Promenade du Paillon**. Voor het meer dan een kilometer lange park moest een drukke verkeersader wijken. Sindsdien wordt hier geflaneerd in plaats van geracet. Kinderen spelen in het ondiepe water van de sculpturale Miroir d'Eau. Een bloemenzee strekt zich op heuphoogte uit. De bankjes in het park zijn *très design* en worden gebruikt door een vrolijke groep jongeren die de pauzes van het Lycée Masséna in het park doorbrengen.

EVENEMENTEN

Carnaval: in febr. prachtig bloemencorso. Verbranding van het beeld van koning Carnaval op vastenavond, www.nicecarneval.com.
Prom'Party: vier avonden op de Promenade des Anglais, concerten, dj-optredens, vuurwerk, half juli-eind aug. 21.30-24 uur

IN DE OMGEVING

Drie kustwegen moeten het zijn!
'Les 3 Corniches' (M/N 2) heten de drie kustwegen die van Nice naar Menton gaan. Indentiek aan de D 6098 is de zich boven langs de kust slingerende **Petite Corniche**. Een verdieping hoger werd de 28 km lange **Moyenne Corniche** in de rotshelling uitgehouwen. Hoogtepunt is het middeleeuwse dorp **Eze** (M 2): van de Jardin Exotique achter de burcht kijk je uit over cactussen en tropische gewassen tot de kust en bij helder weer tot aan Corsica. Wat de kust betreft: het wandelpad **Sentier Nietzsche** voert omlaag naar het strand van Eze-Bord-de-Mer. Deze Duitse filosoof kwam hier al (afdaling 1 uur, klim, afhankelijk van

Riviéra ▶ Monaco/Monte Carlo

je conditie langer, www.eze-tourisme.com). En dan is er nog de 32 km lange **Grande Corniche**. De hoogste van de drie panoramawegen lijkt op een bergweg met zeezicht. Bij **La Turbie** (N 2) volgt de Grande Corniche het tracée van de antieke Via Julia Augusta. Een niet te missen overblijfsel uit de oudheid is de **Trophée des Alpes**. Dit bijna 2000 jaar oude monument is maar liefst 50 m hoog. In de inscriptie worden de 44 bergvolken genoemd die hier door de Romeinen verslagen werden (www.ville-la-turbie.fr).

In de voetsporen van Cocteau

De baai van het kleurig gekalkte havenstadje **Villefranche-sur-Mer** (M 2) geldt als een van de mooiste aanlegplaatsen van de Côte d'Azur. Het water is hier diep, waardoor de haven ook een geliefd steunpunt was van de Franse vloot. De **Chapelle St-Pierre** aan de Quai Courbet (apr.-aug. wo.-ma. 10-12, 15-19, anders 10-12, 14-18 uur, € 3), die door Jean Cocteau is beschilderd (www.tourisme-villefranche-sur-mer.com), is betoverend. In het zuiden beschut de door dichte begroeiing en villa's overdekte Cap Ferrat de rede. Cocteau-fans moeten de **Villa Santo-Sospir** aan het eind van de kaap gaan bekijken. Cocteau beschilderde muren, plafonds, trappen en betimmeringen. De eigenares liet bovendien tapijten en mozaïeken naar zijn ontwerp maken (14, avenue Cocteau, tel. 04 93 76 00 16, € 12, bezichtiging op afspraak!). Ook in het stadhuis van St-Jean-Cap-Ferrat heeft Cocteau in de trouwzaal een schildering nagelaten. De **Villa Ephrussi de Rothschild**, die in 1934 met de dood van de bouwster Béatrice Ephrussi de Rothschild als schenking aan het Institut de France kwam, moet het zonder Cocteau stellen. Inrichting en kunstcollectie (Tiepolo, Monet, Sisley) bleven onveranderd, zodat de salons, de patio en het heerlijke, 7 ha grote park een beeld van de luxe en de smaak van rond 1900 geven (1, avenue Ephrussi de Rothschild, www.villa-ephrussi.com, half febr.-nov. dag. 10-18, anders ma.-vr. 14-18, za./zo. 10-18 uur, € 13).

Klein Afrika

Beaulieu (M 2, www.beaulieusurmer.fr.) is een suikertaartachtig belle-époque-ensemble met een met palmen omzoomde promenade en een casino. In de schaduw van een heuvelrij, die Beaulieu een buitengewoon mild microklimaat verschaft, bloeien bananenplanten, citroen- en sinaasappelbomen. Een van de wijken heet daarom Petite-Afrique. De **Villa Kérylos** lijkt echter uit de Griekse oudheid te stammen. De witte villa aan de Pointe des Fourmis werd in 1902 naar antiek voorbeeld gebouwd. Originele vazen, amforen en beelden maken de vermomming compleet (Impasse Gustave Eiffel, www.villa-kerylos.com, febr.-nov. dag. 10-18, juli/aug. dag. 10-19, anders di.-vr. 14-18, za./zo. 10-18 uur, € 12).

Monaco/Monte Carlo N 1/2

Het Grimaldi-vorstendom krijg je in dubbelverpakking. Het oude Monaco ligt samen met het vorstelijk paleis op een rotsplateau, met de van de zee afgetroggelde, 31 ha grote, gezichtsloze nieuwbouwwijk Fontvieille aan de ene en de oude haven aan de andere kant. In het oosten doemt de skyline van

---

O OVERIGENS

Het **Sentier littoral**, het kustwandelpad rond de Cap Ferrat (6 km), is doorspekt met borden die naar vroegere beroemdheden verwijzen. Een leuke tussenstop is het **Plage des Fossettes**: van het kiezelstrand heb je uitzicht op de Cap Ferrat. Een volgende pauze kun je op het **Plage Paloma** aan de noordzijde van de kaap inlassen: van het geëxploiteerde zandstrand kijk je op Beaulieu en Monaco (www.paloma-beach.com).

Rivièra ▶ Monaco/Monte Carlo

Monte Carlo op: een Manhattan aan de Middellandse Zee, met een overvloed aan belle-époque-architectuur en als inkomstenbronnen belastingontduiking, banken en onroerend goed.

Het oude Monaco verkennen
De oude stad moet het doen met een rotsvlakte van slechts 300 x 800 m groot. Van de Parking des Pêcheurs gaan liften omhoog naar de groenstroken naast het in 1899 boven de steile kliffen geplaatste **Musée Océanographique**. In de 90 met zeewater gevoede bassins, waarvan het grootste 40.000 l bevat, leeft de voltallige fauna van de Middellandse Zee, naast andere vissen die uit de tropen of het Amazonegebied afkomstig zijn. Mooi uitzicht vanaf het dakterras! (avenue St-Martin, www.oceano.org, jan.-mrt., okt.-dec. dag. 10-18, apr.-juni, sept. 10-19, juli-aug. 9.30-20 uur, afhankelijk van het seizoen € 11-16). De tussen het Musée Océanographique en het vorstelijk paleis ingeperste oude stad bestaat uit enkele mooie straten en charmante pleinen. Een bezoekerstrekker is de neoromaanse **kathedraal** met de vorstelijke grafkapel (dag. 8.30-18.30 uur). Toeristisch hoogtepunt blijft de wisseling van de wacht om 11.55 uur voor het **Palais princier**. De vlag op het dak geeft aan of prins Albert thuis is. Binnen zijn enkele representatieve zalen en het **Musée Napoléon** te bezichtigen (www.palais.mc, paleis: apr. 10-18, mei-sept. 9.30-18.30, okt. 10-17.30 uur, € 8; museum: jan.-eind mrt., dec. 10.30-17, apr., 18 mei-sept. 9.30-18.30, okt. 10-17.30 uur, € 4).

Je geluk beproeven in Monte Carlo
De gezellige havenwijk La Condamine met de aanlegsteiger voor de cruiseschepen, de chique zeilclubs en de vele bars is tegelijk uitgaanswijk en bastion van de plaatselijke inwoners. Herkenningspunt is de **Ste-Dévotekerk**, waar de relieken van de heilige schutspatrones van Monaco worden bewaard. De muziek klinkt echter een verdieping hoger, op de Place du Casino. Het **casino** in rijk geornamenteerde Liberty-stijl (www.casinomontecarlo.com), de ernaast gelegen Opera (www.opera.mc), hotelpaleizen als het Hôtel de Paris, het Hermitage, en het Métropole daar vlakbij vormen samen een verbluffend belle-époque-ensemble, waar miltimiljonairs en -miljardairs het pad kruisen van groepen toeristen en backpackers. De architect van de Opera en het casino, Charles Garnier, maakte zich nog een derde maal onsterfelijk met de Villa Sauber aan de Avenue Princesse Grace, waarin nu het **Nouveau Musée National de Monaco** is gevestigd en exposities over de podiumkunsten worden georganiseerd. De dependance van het museum in de Villa Paloma toont hedendaagse kunst (www.nmnm.mc, 's zomers dag. 11-19, 's winters 10-18 uur, € 6).

Naar botanische verten zweven
De **Jardin japonais** naast het moderne Grimaldi-Forum neemt je mee naar het Verre Oosten, inclusief theeceremonie, bamboe en waterval (Avenue Princesse Grace, 9-18, 's zomers tot 18.45 uur, gratis). In de Monghetti-wijk boven Monaco nodigt de **Jardin Exotique** uit tot een wandeling tussen honderdjarige cactussen (Boulevard du Jardin Exotique, www.jardin-exotique.mc, half mei-half sept. 9-19, anders 9-18 uur, € 7).

Francis Bacon MB Art Foundation
Deze schilder heeft jarenlang in het vorstendom gewoond en geschilderd. De stichting toont een keus uit 2500 objecten, schilderijen, brieven en persoonlijke bezittingen, en de opvallendste wc-deur ter wereld, met obscene graffitti van Bacon zelf en zijn schildervrienden Masson en Soulages (21, boulevard d'Italie, tel. 00377-93 30 30 33, www.mbartfoundation.com, rondleidingen op afspraak, gratis).

⌂ Vol gas
Hotel Columbus
Dit hotel in de nieuwbouwwijk Fontvieille ligt rustig tegenover de rozentuin.

Rivièra ▶ Monaco/Monte Carlo

Tijdens de Formule-1-race is het een trefpunt van de scene – Coureur David Coulthard was de eerste eigenaar.
23, avenue des Papalins, tel. 00377-92 05 90 00, www.columbusmonaco.com, 2 pk vanaf € 170

🛍 Goede ligging, goede prijzen
Hôtel de France
De ligging in de Condamine-wijk, tussen het station en de haven, is perfect. De kamers zijn praktisch, niet heel groot en voor Monaco betaalbaar.
6, rue de la Turbie, tel. 00377 93 30 24 64, www.hoteldefrance.mc/fr. 2 pk/ontbijt vanaf € 105

🍴 Genoeg oesters
Les Perles de Monte-Carlo
Het uitzicht op de rots van Monaco is mooi, de stemming opperbest. Oesters en mosselen uit eigen teelt. Verser kan het niet. Dat geldt ook voor de gamba's en de vis.
47-48, quai Jean-Charles Rey, tel. 00377 97 77 84 31, www.perlesdemontecarlo.com, ma.-za. 8-17.30 uur, à la carte ca. € 30

🍴 Veggie-keuken
Eqvita
Eigenaar is proftennisser Novak Djokovic, er wordt biologisch en zonder gluten gekookt, alleen veganistisch. Gaspacho van tomaten en meloenen, courgettelasagne met cashewnoten.
7, rue Portier, tel. 00377 97 77 07 49, www.eqvitarestaurant.com; wo. avond, zo. gesloten

S SUPER-KORT

De kortste weg van Monaco naar Monte Carlo is met de **Bateau Bus électrique solaire**. De op zonne-energie varende shuttleboot over de oude haven doet het in minder dan vijf minuten (www.riviera-navigation.com, Quai des Etats-Unis (Monte Carlo), 8-19.40 uur, Quai Antoine 1er (Monaco), 8.10-19.50 uur, om de 20 min., heen en terug € 1,50 bij de automaten, € 2 aan boord).

🛒 In de markthal
La Halle Gourmande/ Marché de la Condamine
In de markthal kun je je bij een tiental kraampjes oriënteren op verschillende keukens. Je eet aan de gemeenschappelijke tafels in het midden. Mijn tips: **Chez Roger** vanwege de socca (tel. 00377-93 50 80 20, dag. 9.30-14 uur, € 8) en **Le Comptoir** vanwege de pasta, risotto etc. (tel. 00377-97 98 09 90, dag. 8-15.30, 18.30-22 uur, hoofdgerecht ca. € 15).
Place d'Armes, tel. www.mairie.mc, markt ma.-za. 7-15, zo. 1-14, restaurants (Halle Gourmande) 18-21.30 uur, ma. gesloten

🍺 Bierlounge
La Brasserie de Monaco
Deze trendy microbrouwerij staat voor goed bier, overdadige hamburgers en lange (dj-)nachten.
Darse Sud, 36, route de la Piscine, tel. 00377 97 98 51 20, www.brasseriedemonaco.com, dag. 11-5 uur

ℹ Info en evenementen
Office de Tourisme: 2a, boulevard des Moulins, 98030 Monaco, tel. 00377 92 16 61 16, www.visitmonaco.com.
Grand Prix: mei, weekend na Hemelvaart. Formule-1-race, www.grand-prix-monaco.com.
Nationale feestdag: 19 nov., sinds 1857 ter ere van het vorstenhuis. Groot vuurwerk.

IN DE OMGEVING

Hooggelegen
Roquebrune (🗺 N 1, https://roquebrune-cap-martin.fr) behoorde tot 1861 aan de Grimaldi-vorsten. Hun oude burcht torent hoog boven het dorp uit, dat als een balkon boven de Rivièra hangt. Op het kerkhof ligt de architect Le Corbusier begraven. Iets onder het kerkhof loopt een landweg omlaag naar de Cap Martin, vanwaar het voetpad Promenade Le Corbusier in 2 uur naar Monte Carlo voert. Langs het pad ligt **Le Corbusiers Cabanon**, zijn tot in de kleinste details

doordachte strandhut uit 1956. Bijna 30 jaar daarvoor had de Ierse ontwerpster Eileen Grey daarnaast de L-vormige Villa E 1027 in strenge geometrische lijnen laten bouwen. Le Corbusier ontwerp voor een ander perceel in de buurt vijf zomerhuizen met de eenvoudige naam Unités (bezichtiging op afspraak via Cap Moderne, tel. 06 48 72 90 53, www. capmoderne.com, € 18). PS: in 1965 is Le Corbusier voor de kaap bij het zwemmen verdronken.

Menton N 1

Ken je het land waar de citroenen bloeien? Het is Menton! Zelfs het broeikasklimaat is aan de zonovergoten Côte d'Azur uniek. Bananen komen hier in de buitenlucht tot rijping. Verder gaat het er kalmpjes aan toe. Reken hier niet op een uitgaansleven of beachparty's. Maar liefst 30% van de inwoners (nationaal record!) zijn gepensioneerden uit heel Frankrijk die zich in Menton komen laven aan het milde klimaat. De gemiddelde temperatuur ligt rond 16,3 °C!

De promenade heen en terug
De Promenade du Soleil loopt boven langs het kiezelstrand. Ter hoogte van het casino begint de elegante Avenue Boyer, waarvan het park, de Jardin Biovès, het hart vormt van deze belle-époquestad. Pompeuze gebouwen zoals het Palais de l'Europe flankeren de met sinaasappel- en citroenbomen beplante perken. Wij gaan de Rue Patrouneaux in, die parallel loopt aan de promenade en overgaat in de Rue de la République met het **Hôtel de Ville** 1. De trouwzaal is beschilderd door Cocteau (Place Ardoino, ma.-vr. 8.30-12, 14-16.30 uur, € 2). De Rue Félix Faure is de winkelstraat van Menton. Hij komt uit op de door cafés omzoomde Place aux Herbes met zijn fraaie **markthal** 2. Als je door de in 1890 gebouwde hal loopt, bereik je opnieuw de promenade.

Een blik op het kleurige Menton, dat eruitziet als een ansichtkaart.

In de voetsporen van Cocteau
Cocteau ontmoet je opnieuw in het in 1636 gebouwde bastion aan de Quai Napoléon III. De kunstenaar heeft de gevel en de binnenruimten van mozaïeken voorzien. Het geheel behoort tot het **Musée Jean Cocteau** 3, een paar passen verderop. Het futuristische gebouw bevat 900 werken van de kunstenaar – de helft van zijn complete *œuvre* (Quai Monléon, wo.-ma. 10-18 uur, combiticket € 8, www.museecocteaumenton.fr).

De oude stad beklimmen
Vanaf de oude haven heb je het beste uitzicht op de oude stad, waarvan de huizen steil tegen de helling liggen. Als twee bonbonnières zetten de torens van de **St-Michelkerk** 4 en de **Chapelle de la Conception** 5 de oude stad barokke mutsen op. Het 'kleine Vaticaan' van Menton bereik je over de trappen van de Parvis St-Michel, die bij de Quai Bonaparte in de oude haven begint. Door de smalle Rue Longue kom je bij Mentons oude **kerkhof** 6 (half mei-sept. 7-18 uur) met de graven van Silezische kooplieden, Poolse gravinnen en Britse lords. Ze kwamen in de 19e eeuw om van een longziekte te genezen – en stierven aan de tropische vochtige lucht van Menton.

Serres – de tuinen van Menton

Menton is de enige plaats binnen Europees Frankrijk waar bananen tot rijping komen – en lijkt daarmee geschapen voor de droom van een tropische tuin. Rond 1900 ontstond het ene welig tierende paradijs na het andere. Een leger van tuinmannen houdt het erfgoed in toom en plant vrolijk verder.

Lawrence Johnston had al in Engeland rond zijn landhuis Hidcote Manor een tuin aangelegd, die tegenwoordig tot de beroemdste tuinen van Groot-Brittannië behoort. Pas in de **Serre de la Madone** 7, die de Brit in de jaren 20 in Menton liet aanleggen, kon hij zijn tropendromen waarmaken. Na de dood van deze 'gentleman-jardinier' verwaarloosden zijn erfgenamen planten en aanleg – tot de tuin onder monumentenzorg werd geplaatst, door de kustbeschermingsautoriteit werd aangekocht en werd hersteld. Drakenbloedbomen van de Canarische Eilanden, Chinese lotus, nachtorchissen, Algerijnse iris, Libanesche ceders, Indiase magnolia en Syrische hibiscus ademen de sfeer van een Britse serretuin – aan de Rivièra.

Een zestal tuinen zijn in Menton geopend voor bezoekers. En de Giardini Hanbury ligt bovendien nog vlak over de Italiaanse grens. Andiamo!

Onder toezicht van Parijs

Le Val Rameh 8 is aangelegd als labyrint, met priëlen, vijvers en fonteinen. Slingerende paden voeren door het park dat door lord Percy Radcliff in het begin van de vorige eeuw is aangelegd met Afrikaanse en Oceanische planten. Sinds 1967 behoort Le Val Rameh aan het Natuurkundig museum in Parijs, een gelukje.

Klein-Afrika

Maria Serena 9 straalt klasse uit. In het park liet de pionier van het Panamakanaal, Ferdinand de Lesseps, door de architect van de operagebouwen van Parijs en Monte Carlo, Garnier, een villa bouwen, die tegenwoordig door de burgemeester van Menton voor officiële ontvangsten wordt gebruikt. De temperatuur is hier nog nooit lager

Er bloeit altijd wel iets in de tuinen van de Côte d'Azur. Ook al is het alleen maar deze tere nachtorchis.

De tuinen van Menton #15

geweest dan 5 °C – wat Maria Serena de bijnaam Petite Afrique opleverde.

Een roman van een tuin

De portretten van Balzac, Cervantes en Dickens boven de poort hebben **La Fontana Rosa** 10 de bijnaam 'the novelist garden' gegeven. De Spaanse romanschrijver Vicente Blasco-Ibanez heeft de Andalusisch geïnspireerde tuin begin jaren 20 aangelegd. De mozaïeken waarmee de bassins, de banken en de tuinpaviljoens zijn versierd, verwijzen over de Middellandse Zee heen naar Noord-Afrika. En nu we het toch over de Middellandse Zee hebben: Blasco-Ibanez heeft hier zijn roman *Mare Nostrum* geschreven.

Sprong over de grens

Nog een Brit die aan de Middellandse Zee van de tropen droomde, deze keer over de grens van het nabije Italië. In Mortola legde de in China rijk geworden koopman Thomas Hanbury eind 19e eeuw de **Giardini Hanbury** 11 aan. De van de villa naar de zee aflopende tuin bevat een bananenbos, een Japanse tuin en een Moors mausoleum voor de stichter van de tuin en is werelderfgoed van UNESCO.

B BOOM

Heb je wel eens een toromiro-boom gezien? Dan ben je op het Paaseiland geweest, of in Menton. Want de grootste botanische rariteit in Le Val Rameh is de enige Sophora toromiro in Europa – en hij stamt van het Paaseiland.

INFO EN OPENINGSTIJDEN

Serre de la Madone 7: 74, route de Gorbio, www.serredelamadone.com, apr.-okt. di.-zo. 10-18, jan.-mrt. 10-17 uur, € 8.
Le Val Rameh 8: Av. St-Jacques, http://jardinvalrahmeh.free.fr, sept.-apr. wo.-ma. 10-12.30, 14-17, mei-aug. 10-12.30, 15.30-18.30, rondleiding do. 10.30 uur, € 6,50.
Maria Serena 9: 21, promenade Reine-Astrid, rondleiding di. 10, vr. 14.30 uur, reserveren bij het Office de Tourisme, € 6,50.
La Fontana Rosa 10: avenue Blasco-Ibanez, rondleiding ma., vr. 10 uur, reserveren bij het Office de Tourisme, € 6,50.
Giardini Hanbury 11: Corso Montecarlo 43, Mortola (Italien), www.giardinihanbury.com, mrt.-half juni, half sept.-half okt. 9.30-17, half juni-half sept. 9.30-18, half okt.-feb. 9.30-16 uur, afh. v.h. seizoen € 7,50-9.

ETEN EN DRINKEN

Le Bistrot des Jardins 2: aansprekende mediterrane keuken, gezellig tuinterras – hier zit je prima (14, avenue Boyer, tel. 04 93 28 28 09, www.lebistrotdesjardins.com, zo. avond, ma. gesloten, formule € 25, menu vanaf € 31).

Uitneembare kaart: N 1 | **plattegrond:** blz. 106

MENTON

Bezienswaardig
1. Hôtel de Ville
2. Markthal
3. Musée Jean Cocteau
4. St-Michelkerk
5. Chapelle de la Conception
6. Kerkhof
7. Serre de la Madone
8. Le Val Rameh
9. Maria Serena
10. La Fontana Rosa
11. Giardini Hanbury

Overnachten
1. Hôtel Napoléon
2. Prince de Galles
3. Palm Garavan

ETEN, SHOPPEN, SLAPEN

🏠 Overnachten

Sixties-charme
Hôtel Napoléon
Van buiten een bakbeest uit de jaren 60, maar binnen verrast het met fris retro-fifties-design. De mooiste kamers hebben een balkon of terras aan het goudgele Plage des Sablettes.
29, porte de France, tel. 04 93 35 89 50, www.napoleon-menton.com, 2 pk vanaf € 99

Monaco of Wales?
Prince de Galles ②
Dit roze 19e-eeuwse gebouw mag dan naar de Prince of Wales zijn genoemd – het was eigenlijk een politiekazerne van de vorst van Monaco. Tegenwoordig slaap je hier met *vue sur mer*.
4, avenue Général-de-Gaulle, tel. 04 93 28 21 21, www.hotel-menton.net, 2 pk vanaf € 75

Italië zo dichtbij
Palm Garavan ③
Het is maar een kippeneindje naar de Italiaanse grens en het water is nog dichterbij. Het hotel aan de boulevard werd volledig gesaneerd en bevalt goed vanwege de lichte, puristische kamers.
3, porte de France, tel. 04 93 78 80 67, www.hotelpalm.fr, 2 pk vanaf € 65

🍴 Eten en drinken

Bij de Sardijnen
L'Ulivo
Pascal Corsi betrekt zijn producten direct van Sardinië. En dat is maar goed ook, want malloredus (een soort gnocchi) met courgettebloemen en inktvis 'à la cagliaritana' smaakt geweldig.
21, place du Cap, tel. 04 94 48 99 83, behalve juli-aug. ma. middag, do. gesloten, à la carte ca. € 35

🛍 Winkelen

Confiturekoning
Maison Herbin ①
Citroen is er in negen varianten (met eucalyptus of rozemarijn!), vijgen in vijf (met oranjebloesem), tomaten in drie (met gember en aubergine) – niets is onmogelijk bij confituremaker Maison Herbin, zelfs niet rozenblaadjes voor op je croissant bij het ontbijt.
2, rue du Vieux-Collège, ma.-za. 9.15-12.30, 15.15-19 uur. Bedrijfsbezichtiging: 2, rue de Palmaro, ma., wo., vr., 10.30 uur, gratis

Citroenen in soorten en maten
Au Pays du Citron
Limoncello, confiture, olijfolie, gebak – alles verfijnd met Citron de Menton.
24, rue Saint-Michel, dag. 10-19 uur, www.aupaysducitron.fr

Eten en drinken
1. L'Ulivo
2. Le Bistrot des Jardins

Winkelen
1. Maison Herbin
2. Au Pays du Citron

Sport en activiteiten

Zwemmen en zonnen
Kies maar: kiezelstenen op Mentons stadsstrand, het **Plage du Soleil**, of zand op de **Plage des Sablettes** achter de Vieux Port. Aan de oude haven vind je de **Base Nautique de Menton** (Promenade de la Mer, tel. 04 93 35 49 70, www.voile-menton.fr), waar je kunt leren waterskiën, zeilen, zeekajakken en stand-up-peddelen.

INFO

Office de Tourisme: 8, avenue Boyer, 06500 Menton, tel. 04 92 41 76 76, www.tourisme-menton.fr.
Trein: station, rue de la Gare, tel. 36 35, www.voyages-sncf.com. Treinen naar Nice en Marseille.
Bus: Gare routière, Avenue de Sospel, tel. 04 93 35 93 60, dag. naar Nice, Eze, La Turbie, Sospel, Cap Martin, zie ook lijnen van Zest, www.zestbus.fr.

EVENEMENTEN

Fête du Citron: Vastenavond. Corso met met citroenen en sinaasappelen versierde wagens – bijvoorbeeld de Eiffeltoren of een neushoorn, helemaal van citrusvruchten gemaakt (www.feteducitron.com).

Festival de Musique: 1e helft aug., kamermuziekfestival, gedeeltelijk in de openlucht, www.musique-menton.fr.
Le Mois des Jardins: juni. Er zijn rondleidingen door tuinen en parken, een plantenbeurs, congressen – alles voor de tuinman.

IN DE OMGEVING

Mooie bergdorpen
'Villages perchés' (N 1) heten de bergdorpen in het wilde achterland – het ene is nog mooier dan het andere. **Peille** (www.peille.fr) hangt aan een rotswand. In **Peillon** (www.peillontourisme.fr) slingeren de huizen zich tegen de rots omhoog. **Sospel** (www.sospel-tourisme.com) ligt aan de glasheldere Bévéra en doet met zijn muurschilderingen aan Italië denken.

Huilen met de wolven
In het **Parc National du Mercantour** (N 1, www.mercantour.eu) zijn gemzen, steenbokken, moeflons en marmotten geen zeldzaamheid. Het nationale park telt bovendien duizenden schapen, die in het voorjaar op de almen in de schaduw van de met sneeuw bedekte bergen worden gedreven. Ook wolven komen hier weer voor. Wie deze schuwe dieren wil zien, gaat naar het **Scénoparc Alpha** (wolvenpark) in St-Martin-de-Vésubie (www.alpha-loup.com).

Reisinformatie

AANKOMST

Met het vliegtuig: je vliegt op Nice-Côte d'Azur 📖 M 2 (www.nice.aeroport.fr) of Marseille-Marignane 📖 A 4/5 (www.marseille.aeroport.fr).
Met de trein: met een overstap in Parijs rijd je met de TGV van Amsterdam en Brussel naar Marseille of Nice (nl.oui.sncf, www.nsinternational/treinen/tgv).
Met de langeafstandsbus: langeafstandsbussen doen in Marseille het centraal gelegen busstation bij het Gare St-Charles aan, zoals Flixbus, www.flixbus.nl. De langeafstandsbus is een tip voor reizigers met zitvlees. Vanuit Amsterdam duurt de rit naar Nice (aankomst luchthaven, terminal 2) ruim 24 uur.
Met de auto: vanuit het noorden voert de Autoroute du Sud A 6 tot Orange. Dan gaat het verder over de A 7 naar Marseille. De zomerse drukte op de A 6 tussen Beaune en Lyon kun je vermijden: de A 39 verbindt Dôle met Bourg-en-Bresse. Van Marseille gaat de A 50 naar Toulon en Hyères. Kort voor Marseille splitst de A 8 zich via Aix-en-Provence naar Cannes, Nice en Menton af. Franse snelwegen zijn tolplichtig *(péage)*. Je betaalt contant of per creditcard. Informatie over tol, benzinestations, wegrestaurants en weer op www.autoroutes.fr, over flitspalen op www.radars-auto.com. Een internationale reis- en kredietbrief (ongevallen, diefstal, ziekte) en de groene kaart van de verzekering zijn aan te bevelen.

INFORMATIE

Atout France – Frans verkeersbureau: www.france.fr
Nederland: nl.france.fr/nl
België: be.france.fr/nl

Regionale toeristenbureaus
Westelijke Côte d'Azur
(van Cassis tot St-Raphaël)
Comité Régional de Tourisme Provence-Alpes-Côte-d'Azur
61, la Canebière, 13231 Marseille Cedex 01, tel. 04 91 56 47 00, www.tourismepaca.fr.
Oostelijke Côte d'Azur
(van Théoule-sur-Mer tot Menton)
Comité Régional du Tourisme Riviera Côte d'Azur
455, promenade des Anglais, 06203 Nizza Cedex 3, tel. 04 93 37 78 78
www.cotedazur-tourisme.com.

Asseyez-vous, s'il vous-plait! Op elke straathoek – zoals hier in Toulon – kun je leven als God in Frankrijk.

Reisinformatie

KLIMAAT EN REISSEIZOEN

Aan de Côte d'Azur is het het hele jaar hoogseizoen. De hemel is in de winter net zo strakblauw als in de rest van het jaar, want de mistral blaast elke wolk van het firmament. De meeste regen valt in november/december, ook in maart regent het soms hevig. Verder waait er ook in het koude jaargetijde – hier meer een koeler jaargetijde – een zwoele bries. Je kunt vaak 's middags op een terras lunchen en vanaf februari bloeit de mimosa. Het aangenaamst is een bezoek in het voorjaar of in de herfst. Vanaf april geniet iedereen al van de warme zon. In de zomer is het heet (juli-aug. overdag bijna nooit minder dan 30 °C, 's nachts zakt de thermometer nauwelijks beneden de 20 °C), duur (hoteltarieven verdubbelen of verdrievoudigen) en vol (drukte en files zijn dan onvermijdelijk). Vanaf half september wijkt de zomerse hitte voor een milder briesje en is het water van de Middellandse Zee op zijn warmst. Zwemmen kun je bij een watertemperatuur van 20 °C nog tot in oktober.

REIZEN MET EEN BEPERKING

Het door de Franse regering ingestelde label 'Tourisme et Handicap' wordt uitgereikt aan hotels, restaurants, toeristenbureaus, musea en bezienswaardigheden die toegankelijk zijn voor reizigers met een handicap. Zoekmachine met een geografische of thematische indeling: https://tourisme.handicap.fr/.

SPORT EN ACTIVITEITEN

Duiken
De calanques gelden als eldorado voor duikers. Het Nationale park Port-Cros trekt met een onderwaterpad tussen het Plage de la Palud en de Rascas-eilandjes dat ook geschikt is voor snorkelaars. Interessante duikgebieden liggen rond het Île Bendor bij Bandol, rond de Îles des Embiez bij Six-Fours en bij de Corniche de l'Estérel. Wrakduiken biedt in St-Tropez afwisseling voor riffen en zeegrasvelden. Tips over duikspots en goede duikclubs met gecertificeerde instructeurs staan op de website van de Fédération française d'etudes et de sports sous-marins: www.ffessmcotedazur.fr.

Fietsen
Langere tochten kun je vooral maken in het departement Var: het kustfietspad voert van Six-Fours-les-Plages via Hyères, Lalonde-des-Maures, Bormes, Le Lavandou en het schiereiland van St-Tropez tot aan St-Raphael. Van de 120 km lange route zijn 98 km al volledig als fietspad aangelegd. In de ernaast gelegen Alpes-Maritimes zijn paden voor gezinnen, maar ook voor sportieve fietsers aangelegd – de brochures met routebeschrijvingen kun je downloaden (www.cotedazur-card.com/activites/velo-et-vtt-de-la-cote-d-azur-N5fiche_VEVTT.html). Over tochten in het binnenland, bijvoorbeeld in het Massif des Maures of het Massif de l'Estérel vind je informatie bij de Fédération Francaise de Cyclisme Côte d'Azur, www.ffccotedazur.fr.

Klimmen
De spannendste klimmogelijkheden bieden de rotsen van de calanques, de kliffen van de Route des Crêtes van Cassis naar La Ciotat, in het Estérelmassief, de omgeving van Grasse, de Voor-Alpen bij Nice, het Nationale park Mercantour en de steile rotswanden bij Roquebrune. Informatie over de clubs in onder andere Villeneuve-Loubet, Cannes, St-Laurent-du-Var, Toulon en Nice vind je op de website van de Fédération des clubs alpins et de montagne, www.ffcam.fr.

Surfen en bodyboarden
Algemeen: in het westelijke gedeelte van de Côte d'Azur vinden surfers het snelst de perfecte golf, bijvoorbeeld aan het strand van Bonnegrâce in Six-

Reisinformatie

Fours-les-Plages. Les Lecques, Cabasson en St-Tropez (Plage Bouillabaisse) bieden eveneens goede surfmogelijkheden, maar het beste strand is toch het Plage d'Almanarre in Hyères. Wie een surfcursus wil boeken moet goed letten op het kwaliteitslabel Ecole française de surf. www.ecolefrancaise desurf.fr.

Wandelen

Alleen al in het Departement Var is 200 km van de kust als wandelpad aangemerkt! En het departement stelt op internet nog een heleboel wandelroutes van uiteenlopende moeilijkheidsgraad voor: https://randoxygene.departement06.fr.

Goed aangegeven zijn vooral de langeafstandspaden (GR, rood-witte balken). De GR 51 volgt grote gedeelten van de kust, voor hij boven Grasse naar het dal van de Loup afbuigt. De GR 9 bereikt, komend uit de Provence, de Montagne de la Ste-Baume en loopt vervolgens richting St-Tropez. De routes en de onderkomens voor wandelaars van alle GR's zijn op internet te vinden: www.gr-infos.com. De beste wandelperiode is sept./okt. en apr./mei.

Behalve de langeafstandspaden zijn er nog uitgezette kustroutes die uitnodigen tot wandelingen van een halve of een hele dag, de PR's, gemarkeerd met een gele balk. Een oude tolweg loopt van Bandol naar Les Lecques. Rond Porquerolles loopt een weg die het eiland ontsluit. Geel gemarkeerd zijn ook de wandelpaden rond het schiereiland Giens. Betoverend mooi en verleidelijk om zijn vele zwemmogelijkheden onderweg is het kustwandelpad rond het schiereiland van St-Tropez. Rond de Cap Martin loopt een rondweg (2 uur), en in een uur bereik je vandaar via de Promenade Le Corbusier Monte Carlo. Aan de Cap Ferrat biedt de wandeling rond de Pointe St-Hospice een mooi uitzicht op Beaulieu en Monaco.

Schaduwrijker, maar wel vaak steiler zijn de paden in het binnenland: vanuit Bormes doorkruist de GR 90 het dichtbeboste Massif des Maures. Van de kustplaats Le Trayas (aangegeven vanaf het station) gaat het in 2 uur omhoog het Massif d'Estérel in naar de meer dan 300 m hoge Pic de l'Ours. In het achterland van Nice verbindt een wandelpad (2 uur) de dorpen Peille en Peillon. Nog meer paden vind je op de website van het Comité Régional de randonnée

Wie zich liever niet al te moe maakt, kan het eens met jeu de boules – pardon, pétanque – proberen!

pédestre Provence-Alpes-Côte d'Azur, www.paca.ffrandonnee.fr.

Zeilen

Zeilscholen en bootverhuurbedrijven vind je in vrijwel elke kustplaats: meer dan 140 clubs tussen de Côte Bleue en de Italiaanse grens behoren tot de Fédération française de voile, www.ffvoile.org.

Zwemmen en zonnen

Als vuistregel geldt: de mooiste zandbaaien liggen tussen La Londe-des-Maures en St-Tropez, aan de Golf van Fréjus en rond de Cap d'Antibes. Ten oosten van Var vind je voornamelijk kiezelstranden, zoals in Nice en Menton.

Meer gedetailleerd: om bij enkele kleine, nog ongerepte stranden te komen, moet je of een boot nemen of je wandelschoenen aantrekken. Dat is bijvoorbeeld het geval in de calanques ten westen van Cassis, waar de Calanque d'En-Vau een perfect zwemparadijs is. In Cassis strek je je uit op een vlak, glad rotsplateau, de Roches plates ten westen van het Plage du Bestouan. Het schiereiland Giens wordt omringd door

Reisinformatie

VEILIGHEID EN NOODGEVALLEN

Ambulance/noodarts (S.A.M.U.): tel. 15
Politie: tel. 17
Brandweer: tel. 18
Vergiftigingen: tel. 04 91 75 25 25 (Centre anti-poison des Hôpital Ste-Marguerite)
Blokkeren van creditcards na verlies of diefstal:
tel. 0031 (0) 30 283 53 72, www.pasblokkeren.nl

tel. 0032 (0) 70 344 344, www.cardstop.be
Nederlandse ambassade:
7, rue Eblé, 75007 Parijs, tel. 01 40 62 33 00, http://frankrijk.nlambassade.org
Belgische ambassade:
9, rue de Tilsitt, 75840 Parijs, tel. 01 44 09 39 39, www.diplomatie.be/parisnl

---

lange zandstranden. Op Porquerolles moet je 3 km lopen om het schitterende Plage Notre-Dame te bereiken. De zandstranden ten westen van de Cap Brégançon doen aan de Zuidzee denken. Bij St-Tropez nodigt het blauwgroene water aan de Pampelonne-stranden uit tot een heerlijke duik, gevolgd door een bezoek aan een van de hippe strandclubs en een wandeling over de eindeloze promenades. Cannes' geëxploiteerde Croisette-stranden bieden de sfeer van de mondaine Rivièra. Verder naar het oosten rukken de Zuidelijke Alpen steeds verder op richting de kust en de uitzichten worden steeds spectaculairder. Zo ook aan de Cap d'Antibes, waar je op het Plage de la Garoupe een grandioos uitzicht op Antibes en de Voor-Alpen hebt. Dat geldt eveneens voor het nog exclusievere Cap Ferrat, alleen kijk je nu op de luxeappartementen van Monaco.

OVERNACHTEN

Hotels worden met sterren (* tot *****) ingedeeld. Het ontbijt (petit déjeuner) is vaak niet inclusief. Buitenshuis ontbijten is doorgaans goedkoper. Vaak geldt het tarief per kamer: singles betalen net zoveel als stellen. In het hoogseizoen (juli-aug.) schieten de prijzen omhoog – je betaalt dan al snel het dubbele van het tarief in het naseizoen.

Logis Hôtels
Familiebedrijven met vaste prijzen (www.logishotels.com). Jaarcatalogus als gedrukte uitgave gratis in elk aangesloten hotel, of voor € 5 portokosten via de Fédération Internationale des Logis, 83, avenue d'Italie, F-75013 Parijs. Bestellen via de website: www.logishotels.com (winkel, gids).

Relais du Silence
De chique hotels van deze organisatie garanderen rust. Catalogus bij: Relais du Silence, 17, rue d'Ouessant, 75015 Parijs, tel. 01 44 49 79 00, of via de website: www.relaisdusilence.com.

HotelF1
Allereerst overtuigt de prijs. De hotels liggen aan snelwegen, stadsranden of zelfs in industriegebieden. De kamers hebben een tweepersoons- of eenpersoonsbed, een wastafel en een tv. Wc en douche op de gang en wifi (www.hotelf1.com en www.accorhotels.com). Korting bij boeking via internet.

Andere low-costketens
B & B Hotels, www.hotel-bb.com.
Etap Hotels, www.etaphotel.com.

Chambres d'hôtes
De Franse variant van bed & breakfast. In het beste geval hoort er ook een table d'hôtes bij, de mogelijkheid om samen met andere gasten te eten.

Reisinformatie

Twee aanbieders
De chambres d'hôtes en vakantiehuizen van de vereniging Gîtes de France (www.gites-de-france.com) zijn officieel gekeurd en naar inrichting met één tot vier aren geclassificeerd. Bij Fleurs de Soleil zijn de huisjes doorgaans een categorie beter (www.fleursdesoleil.fr).

Vakantiewoningen
Vakantiewoningen worden in allerlei vormen aangeboden. Net als Gîtes de France bemiddelt Clévacances (www.clevacances.com) chambres d'hôtes en locations (vakantiewoningen) – afhankelijk van het comfort zijn ze met één tot vijf sleutels geclassificeerd en direct te boeken.

Andere aanbieders
Lagrange: www.vacances-lagrange.com.
Cuendet: www.cuendet.nl.
Inter Chalet: www.interchalet.com.
TUI: www.tuivillas.com/nl.
Airbnb: het portal voor bemiddeling van particuliere kamers en woningen heeft ook de Côte d'Azur in het aanbod: www.airbnb.nl.

Jeugdherbergen
Je hebt een internationale jeugdherbergkaart nodig. Een Auberge de Jeunesse vind je in Cassis, Fréjus en Nice. Info op de website van de Fédération Unie des Auberges de Jeunesse (FUAJ, 27, rue Pajol, 75018 Paris, tel. 01 44 89 87 27, www.fuaj.org).

Kamperen
Het aanbod loopt uiteen van luxueuze terreinen met spa en tennisbaan tot een eenvoudige stadscamping (Camping municipal) met basale voorzieningen. Info bij de regionale toeristenbureaus (▶ blz. 108) of op internet: www.campingfrance.com.

OMGANGSVORMEN

Een paar hoffelijke woorden maken het leven lichter: zo vergroot een *s'il-vous-plaît* of *excusez-moi* de bereidheid inlichtingen te geven enorm. En niet voordringen, niet bij de receptie en niet bij de bakker. Neem de tijd voor een grapje hier en daar. Het is normaal om voor inlichtingen en service te bedanken: *merci madame, merci monsieur!*

VERVOERMIDDELEN

Trein
Treinverbindingen van de SNCF vind je op www.voyages-sncf.com). Regionale treinen (Transports Express Régionaux, TER, www.ter.sncf.com/paca, tel. 0800 11 40 23, gratis op het Franse vaste net) staan vermeld in gratis brochures op de stations.
Speciale treinen zijn vooral voor dagjes uit aantrekkelijk. Der Train des Pignes (www.trainprovence.com) verbindt Nice met de dorpen in het bovendal van de Var en het bergstadje Digne. De Train des Merveilles (juni-sept. dag. mei en okt. za., zo., www.tendemerveilles.com/train-des-merveilles) rijdt van Nice via de dalen van Bévéra en Roya naar Tende. De Train des Neiges (jan.-mrt. za., zo., feestdagen, schoolvak. in febr. dag.) brengt wintersporters van Nice naar de ski-, slee- en sledehondgebieden van Castérino.

Bus
Een busstation *(gare routière)* vind je in alle grotere plaatsen. De verbindingen tussen de steden zijn goed. Bussen rijden weliswaar ook naar afgelegen dorpen, maar vaak alleen 's ochtends en 's avonds. Alleen op de belangrijkste routes zijn op weekdagen meer verbindingen gebruikelijk. In het Département Var verbinden de bussen van het net VarLib voor € 3 bijna alle plaatsen, en voor iets meer ook de luchthavens van Nice en Marseille en het TGV-station van Aix-en-Provence, www.varlib.fr. Lignes d'Azur heet het busnet in het Département Alpes-Maritimes (www.lignesdazur.com), kaartje inclusief overstap € 1,50. De 'Aéro' naar de luchthaven van Nice kost € 6.

Reisinformatie

DUURZAAM REIZEN

De Côte d'Azur schakelt om op een groen beleid. De modernste zuiveringsinstallaties zijn vanzelfsprekend, er worden fietspaden aangelegd, zonnepanelen worden standaard, ecologische landbouw steeds normaler.
www.groenevakantiegids.nl: op deze site vind je een overzicht van groene accommodaties in Zuid-Frankrijk, met enkele adressen aan de Côte d'Azur.
nl.franceguide.com: als je op de Nederlandstalige site van de Franse Dienst voor Toerisme op 'thema's' klikt, zie je ook 'Duurzaam toerisme' staan.
De Côte d'Azur 'duurzaam': de zuinige omgang met water, waar veel hotels om vragen, is in een door hittegolven geplaagde regio een zinvolle stap. Laat de auto staan en maak gebruik van het openbaar vervoer of huur een fiets in een stad als Nice. Koop op de markt producten van lokale aanbieders, van wie er steeds meer biologisch produceren.

Taxi
Boven op de basisprijs van € 2,20 wordt de prijs per kilometer berekend en deze varieert per departement. Kilometertarief ca. € 1,50-2, op zon- en feestdagen wordt een hoger tarief gerekend, in enkele gevallen ('s nachts) tot € 3. Voor bagagestukken vanaf 5 kg betaal je € 1 extra. Het minimumbedrag voor een taxirit bedraagt € 7.

Huurauto
Op de luchthavens van Marseille en Nice, en op grotere stations en in veel kustplaatsen zijn alle gangbare autoverhuurbedrijven vertegenwoordigd. Goedkope aanbiedingen bij www.holidaycars.com, www.autohuren.nu, www.arguscarhire.com.

Eigen auto
Het wegennet is dicht en van goede kwaliteit. Pas in de winter op: in de hoge delen van de Alpes-Maritimes dreigen ijsafzetting en rijp. Langzaamrijdend verkeer en files bij de loketten van de tolwegen zijn in de zomer in de vakantiedrukte in het zuiden normaal.
Hulp bij pech: op snelwegen via praatpalen, anders via het alarmnummer 112 (ook mobiel). ANWB alarmcentrale: tel. 0033 (0) 472 171 212.
Verkeersinformatie: frequentie FM 107,7.
Tanken: er zijn overal benzinepompen te vinden en je kunt overal met creditcard betalen. Je tankt hier super (95 octaan), super plus (98 octaan) of gazole (diesel). Tanken is het goedkoopst bij de grote supermarkten.
Verkeersregels: in de bebouwde kom geldt een maximumsnelheid van 50, op buitenwegen 90, op autowegen 110 en op snelwegen 130 km/u. Het verkeer op rotondes heeft voorrang. Het bord *toutes directions* wijst de richting aan voor doorgaand verkeer. Overtredingen van de verkeersregels worden met hoge boetes bestraft, die direct moeten worden betaald.
Alcohollimiet: 0,5 promille.
Veiligheidsgordels: op voor- en achterbank verplicht.
Parkeerverbod: over het algemeen voor postkantoren, politiebureaus, veel scholen en crèches, ziekenhuizen en bij geel gemarkeerde stoepranden.

Boot
Verschillende regionale bootverbindingen, zoals tussen de havens van Toulon en de golf van St-Tropez (in de zomer behoedt de boot Ste-Maxime-St-Tropez je voor urenlang stilstaan in de file!).
Eilanden: naar de Îles de Lérins varen boten vanuit Cannes, Antibes en Juan-les-Pins, de Îles d'Hyères bereik je vanuit Toulon, Le Lavandou, Giens en Cavalaire-sur-Mer.
Veerboten: naar Noord-Afrika vanuit Marseille, naar Corsica vanuit Marseille en Toulon.

Hoe zegt u?

Le Mistral rend fou!

De mistral maakt je gek!

avé l'assent

Met accent
(bedoeld wordt dat uit het zuiden)

Le cagnard

De zon

PISTOU

Basilicum

Juilletistes et Aoutiens

Julimensen en augustusmensen: de eerste
zijn de individualisten (omdat ze voor de
grote vakantietijd komen) en de laatste zijn
de conformisten (omdat ze voor de klassieke
vakantiemaand kiezen)

BOUILLABAISSE

Kort voor 'Quand ca bout, on baisse'
*Als het kookt, laag zetten
(bedoeld wordt het vispotje uit Marseille)*

BOUDIOU!

Bon dieu!
Lieve God!

cabanon

Le soleil tape.

De zon schijnt fel

Strandhut
Vroeger het geluk van kleine luiden. Tegenwoordig onbetaalbaar

PLAGISTE

lézarder

Strandexploitant
beheert een afgezet deel van het strand

le lézard = de hagedis
zonnen/luieren

Register

A
Aankomst 108
Agay 65
Albert, vorst van Monaco 128
Anse du Creux de St-Georges 38
Anthéor 65
Antibes 82
Aubagne 20
Auto 113

B
Bagaud, eilandje 42
Bahn 112
Bandol 25
Bardot, Brigitte 128
Beaulieu 100
Bertrand, Yann Athus 128
Biot 84
Boot 113
Bormes-les-Mimosas 46
Bouillabaisse 5, 8, 11
Bunuels, Luis 41
Bus 112

C
Calanque de la Triperie 18
Calanque de Marseilleveyre 18
Calanque de Morgiou 18
Calanque d'En-Vau 19
Calanque de Port-Miou 19
Calanque de Port-Pin 19
Calanque de Sormiou 18
Calanque de Sugiton 19
Calanque du Devenson 19
Calanques 4, 8, 16, 18
Callelongue 18
Camping 112
Cannes 4, 6, 8, 70
– Allée des Etoiles de Cinéma 72
– Allées de la Liberté 71
– Carlton 72
– Hôtel de Ville 71
– La Malmaison 73
– Le Majestic 72
– Marché Forville 74
– Martinez 72
– Musée de la Castre 71
– Notre-Dame-de l'Espérance 70
– Palais des Festivals 72
– Pointe de la Croisette 73
– Rue d'Antibes 71
Cap Brégançon 48
Cap Canaille 16, 22
Cap de la Gardiole 16
Cap de Miramar 65
Cap des Sardinaux 59
Cap du Dramont 65
Cap Sicié 34
Cassis 6, 16
Chambres d'hôtes 111
Chartreuse de la Verne 57
Château Barbeyrolles 66
Château de Brégançon 49
Château de la Tour de l'Evêque 66
Château de Léoube 49
Château de Minuty 67
Cocteau, Jean 6
Collobrières 56
Corniche des Maures 50
Corniche d'Or 65
Côte d'Azur 6
Côte de Provence 6

D
Domaine La Tour des Vidaux 67
Duiken 109

E
Estérel-Küste 6
Estérel-Massiv 6, 63
Eze 99

F
Fietsen 109
Fitzgerald, Ella 128
Fondation Maeght 85
Fort de l'Etissac 42
Fort de Port Man 43
Fort du Moulin 42
Fréjus 62

G
Gaou 34
Gassin 58
Gourdon 82
Grande Corniche 100
Grasse 78, 80
– Bisschoppelijk paleis 78
– Fragonard 81
– Galimard 81
– Hôtel particulier 78
– Kathedraal Notre-Dame-du-Puy 78
– Molinard 80
– Musée International de la Parfumerie 78
– Musée International de la Parfumerie (MIP) 80
– Place aux Aires 78
– Villa-Musée Jean-Honoré Fragonard 78
Griekse landschildpad 8
Grimaud 47

H
Haut-de-Cagnes 84
HotelF1 111
Huurauto's 113
Hyères 6, 39

I
Île de Porquerolles 41
Ile des Embiez 34
Iles des Vieilles 65
Ile d'Or 65
Île du Levant 41
Ile Saint-Honorat 9
Îles d'Hyères 41
Ile Ste-Marguerite 74
Ile St-Honorat 74
Informatie 108

J
Jeugdherbergen 112

K
Klein, Yves 6, 128
Klimaat 109
Klimmen 109

L
La Cadière-d'Azur 26
La Ciotat 20, 23

Register

La Garde-Freinet 47
La Leque 34
La Palud, strand 42
La Seyne 38
La Théoule 65
La Turbie 100
Le Beausset 27
Le Beausset-Vieux 27
Le Castellet 26
Le Domaine du Rayol 50
Le Lavandou 47
Les 3 Corniches 99
Les Issambres 59
Le Village des Tortues 60
Logis Hôtels 111
Low-Costketens 111
Lumière, Auguste en Louis 21

M
Mann, Erika 41
Mann, Klaus 41
Maures, Massif des 5, 6, 9
Menton 6, 103, 104
– Chapelle de la Conception 103
– Giardini Hanbury 105
– Hôtel de Ville 103
– Kerkhof 103
– La Fontana Rosa 105
– Le Val Rameh 104
– Maria Serena 104
– Markthal 103
– Musée Jean Cocteau 103
– Serre de la Madone 104
– St-Michelkerk 103
Mercantour 8
Milieu 113
Mistral 7
Mistral, Frédéric 16
Molens van Paillas 58
Monaco 6, 9, 100
Monte Carlo 6, 100
Mont Vinaigre 43
Mougins 77
Moulin de St-Côme 26
Moyenne Corniche 99
Musée Picasso, Antibes 86

N
Nice 6, 9, 88, 90
– Cimiez 88
– Colline du Château 89
– Cours Saleya 90
– Jezuïetenkerk St-Jacques-Gesù 91
– Musée d'Archéologie 88
– Musée d'Art Moderne et d'Art contemporain 89
– Musée des Beaux-Arts 89
– Musée Franciscain Mobiliar 89
– Musée Matisse 89
– Musée National Chagall 88
– Muséum d'Histoire naturelle 89
– Muziekconservatorium 88
– Palais Lascaris 90
– Place du Palais 91
– Place Rossetti 90
– Place Ste-Claire 91
– Place St-François 91
– Promenade des Anglais 88
– Promenade du Paillon 99
– Rue de la Préfecture 91
– Russisch-orthodoxe kathedraal 89
– Tramlijn 1 96
Nietzsche, Friedrich 128

O
Overnachten 111

P
Parc National du Mercantour 107
Peille 4, 107
Peillon 107
Pétanque 5
Petite Corniche 99
Picasso, Pablo 6, 128
Pic du Cap Roux 65
Plateau Lambert 56
Pont-du-Loup 82
Port-Cros 8, 41, 42
Port-la-Galère 65
Presqu'île de St-Tropez 58

R
Ramatuelle 58
Reisperiode 109
Reizen met een beperking 109
Relais du Silence 111
Riciotti, Rudy 128
Rivièra 6, 69
Roquebrune 102
Route des Crêtes 16, 22

S
Sainte-Baume 20
Sanary-sur-Mer 29, 32
Scénoparc Alpha 107
Sémaphore 23
Sentier des Plantes 43
Sentier littoral 100
Sentier Nietzsche 99
Sicié, schiereiland 34
Sospel 107
Soubeyran-Klippen 22
Sport en activiteiten 109
St-Cyr 25
St-Cyr-sur-Mer 8
Ste-Maxime 58
St-Mandrier, schiereiland 38
St-Raphaël 63
St-Tropez 6, 9, 51
– Cimetière marin 53
– Musée de la Gendarmerie et du Cinema 53
– Musée de l'Annonciade 51
– Musée d'Histoire maritime 53
– Sentier Littoral 55
– Stranden 55
– Tour du Portalet 53
– Vissershaven La Ponche 53
– Zitadelle 51
Surfen en bodyboarden 109

T
Taxi 113

Register

Toulon 6, 8, 34
Trophée des Alpes 100

V
Vakantiehuizen 112
Val d'Esquières 59
Vallauris 77
Veiligheid en
noodgevallen 111
Vervoermiddelen 112
Villages perchés 107
Villefranche-sur-Mer 100
Villeneuve-Loubet 85
Villeneuve-Loubet-Plage 85

W
Wandelen 110

Z
Zeilen 110
Zwemmen en zonnen 109, 110

Paklijst

> DATUM
....

> AANTAL DAGEN
....

> HET WEER
○ WARM ○ KOUD ○ NAT

> BASISUITRUSTING
- ANWB EXTRA
- PASPOORT/ID-KAART
- TICKETS & VISUM
- RIJBEWIJS
- BANKPASSEN
- MEDICIJNEN
- VERZEKERINGEN
- HOTELADRES
- ....
- ....
- ....
- ....
- ....

C CHECK

> TOILETARTIKELEN
- ....
- ....
- ....
- ....
- ....
- ....
- ....
- ....
- ....
- ....
- ....
- ....
- ....
- ....

> KLEDING
- ....
- ....
- ....
- ....
- ....
- ....
- ....
- ....
- ....
- ....
- ....
- ....
- ....
- ....
- ....
- ....

> DIVERSEN
- ....
- ....
- ....
- ....
- ....
- ....
- ....
- ....

> ELEKTRONICA
- ....
- ....
- ....
- ....
- ....

Mijn tripplanner

DAG 1

- Blz ..... MUST SEE ....
- Blz ....
- Blz ....
- Blz ....
- Blz ....
- Blz ....
- Blz ..... ETEN EN DRINKEN ....
- Blz ....

DAG 2

- Blz ..... MUST SEE ....
- Blz ....
- Blz ....
- Blz ....
- Blz ....
- Blz ....
- Blz ..... ETEN EN DRINKEN ....
- Blz ....

DAG 3

- Blz ..... MUST SEE ....
- Blz ....
- Blz ....
- Blz ....
- Blz ....
- Blz ....
- Blz ..... ETEN EN DRINKEN ....
- Blz ....

DAG 4

- Blz ..... MUST SEE ....
- Blz ....
- Blz ....
- Blz ....
- Blz ....
- Blz ....
- Blz ..... ETEN EN DRINKEN ....
- Blz ....

Notities

MUST SEE	Blz ......
....	Blz ......
....	Blz ......
....	Blz ......
....	Blz ......
....	Blz ......
ETEN EN DRINKEN	Blz ......
....	Blz ......

DAG 5

MUST SEE	Blz ......
....	Blz ......
....	Blz ......
....	Blz ......
....	Blz ......
....	Blz ......
ETEN EN DRINKEN	Blz ......
....	Blz ......

DAG 6

MUST SEE	Blz ......
....	Blz ......
....	Blz ......
....	Blz ......
....	Blz ......
....	Blz ......
ETEN EN DRINKEN	Blz ......
....	Blz ......

DAG 7

....	Blz ......
....	Blz ......
....	Blz ......
....	Blz ......
....	Blz ......
....	Blz ......
....	Blz ......

E EXTRA

Notities

Notities

TIPS

Favoriete plekken – **review**

> OVERNACHTEN

ACCOMMODATIE ▶ ....

ADRES/BLADZIJDE ....

PRIJS   ● €   ● €€   ● €€€

NOTITIE ....

....

> ETEN EN DRINKEN

RESTAURANT ▶ ....

ADRES/BLADZIJDE ....

PRIJS   ● €   ● €€   ● €€€   CIJFER

VOORGERECHT .... ●

HOOFDGERECHT .... ●

NAGERECHT .... ●

NOTITIE ....

....

RESTAURANT ▶ ....

ADRES/BLADZIJDE ....

PRIJS   ● €   ● €€   ● €€€   CIJFER

VOORGERECHT .... ●

HOOFDGERECHT .... ●

NAGERECHT .... ●

NOTITIE ....

....

RESTAURANT ▶ ....

ADRES/BLADZIJDE ....

PRIJS   ● €   ● €€   ● €€€   CIJFER

VOORGERECHT .... ●

HOOFDGERECHT .... ●

NAGERECHT .... ●

NOTITIE ....

....

....

Notities

> WINKELEN

WINKEL ►
ADRES/BLADZIJDE
NOTITIE

WINKEL ►
ADRES/BLADZIJDE
NOTITIE

> UITGAAN

GELEGENHEID ►
ADRES/BLADZIJDE
NOTITIE

GELEGENHEID ►
ADRES/BLADZIJDE
NOTITIE

> EXTRA

EXTRA ►
ADRES/BLADZIJDE
NOTITIE

EXTRA ►
ADRES/BLADZIJDE
NOTITIE

EXTRA ►
ADRES/BLADZIJDE
NOTITIE

Fotoverantwoording

Fotolia, New York (USA): blz. 47 (andigia); 22 (de Lisle); 44/45 (imacture)
Getty Images, München: blz. 128/4 (Express Newspapers); 128/5 (INA/Gonot); 7, binnenflap voor (LightRocket/Carbonell Pagola); 87 (LightRocket/Lang); 54 (Ommanney)
iStock.com, Calgary (Kanada): blz. 8/9 (Alphotographic); 68/69 (Lucentius); 81 (Nevio3)
Huber-Images, Garmisch-Partenkirchen: omslag, uitneembare kaart (Kremer); blz. 26 (Sime/Grandadam)
laif, Köln: blz. 108 (Hannes); 42 (Gamma-Rapho/Barray); 64 (hemis.fr/Cavalier); 14/15, 19 (hemis.fr/Moirenc); 97 (hemis.fr/Pierre); 56 (hemis.fr/Sudres); binnenflap achter (Knechtel); 73, 76 (Lass); 110 (Stand)
Mauritius Images, Mittenwald: blz. 4 o., 24 (Alamy)
picture-alliance, Frankfurt a. M.: blz. 33 (akg-images); 128/7 (AP Photo/Paris); 104 (Botanikfoto/Hauser); 78 (Brun Jacob); 128/1 (dpa/AFP Intercontinentale); 128/3 (Geisler Fotopress/van Tine); 128/6 (KPA/Rue des Archives/Sima); 61 (Muller); 128/9 (Visual Press); 128/2 (ZB); 128/8 (Zuma Press/z90)
Shutterstock, New York (USA): blz. 103 (Carousel Films); 85 (Galeotti); 18 (Janos); 88 (Katatonia82); 11 (Prokopenko); 4 u. (Staerk); 17 (Stroujko); 90 (Visual Intermezzo);
Tekening blz. 3: Gerald Konopik, Fürstenfeldbruck
Tekening blz. 5: Antonia Selzer, Stuttgart

Colofon

Hulp gevraagd!
De informatie in deze reisgids is aan verandering onderhevig. Het kan dus wel eens gebeuren dat je ter plaatse een andere situatie aantreft dan de auteur.
Is de tekst niet meer helemaal correct, laat ons dat dan even weten.

Ons adres is:
Uitgeverij ANWB
Redactie KBG
Postbus 93200
2509 BA Den Haag
anwbmedia@anwb.nl

Productie: Uitgeverij ANWB
Coördinatie: Els Andriesse
Tekst: Klaus Simon
Vertaling: Willemien Werkman
Eindredactie: Marijn Mostart
Opmaak: Hubert Bredt
Opmaak notitiepagina's: Studio 026
Opmaak omslag: Atelier van Wageningen
Concept: DuMont Reiseverlag
Grafisch concept: Eggers+Diaper
Cartografie: DuMont Reisekartografie
© 2018 DuMont Reiseverlag

© 2018 ANWB bv, Den Haag
Eerste druk
ISBN: 978-90-18-04413-8

Alle rechten voorbehouden
Deze uitgave werd met de meeste zorg samengesteld. De juistheid van de gegevens is mede afhankelijk van informatie die ons werd verstrekt door derden. Indien die informatie onjuistheden blijkt te bevatten, kan de ANWB daarvoor geen aansprakelijkheid aanvaarden.

Herinner je je deze nog?

9 van de bijna 2 miljoen mensen aan de Côte d'Azur

Brigitte Bardot
Het was niet God, maar haar toenmalige man Roger Vadim die in 1955 in St-Tropez de vrouw schiep. Of in ieder geval de incarnatie van de vrouw die Bardot voortaan moest zijn, in het echt en op het witte doek.

Friedrich Nietzsche
'Ik sliep goed, lachte veel, en voelde me geweldig, vol kracht en geduld', schreef Nietzsche in Eze. De filosoof pakte de pen weer op en schiep *Also sprach Zarathustra*.

Prins Albert
De vorst van de operettestaat Monaco, gehuwd met de Zuid-Afrikaanse ex-zwemster Charlene Wittstock en officieel de vader van hun tweeling, is lieveling van de boulevardpers.

Yves Klein
Geboorteplaats: Nice. Lievelingskleur: blauw (beschermd als international Klein blue). Status in de kunstwereld: eerste performancekunstenaar en voorloper van de popart. Jong gestorven (1928-1962).

Ella Fitzgerald
Deze Amerikaanse jazzlegende improviseerde op het jazzfestival van Juan-les-Pins een duet – met een cicade. Live onder de dennenbomen.

Pablo Picasso
Was in 1919 voor het eerst in St-Raphaël aan de Côte d'Azur. Woonde, schilderde en pottenbakte de volgende decennia in Vallauris, Cannes, Antibes en Mougins, waar de kunstenaar van de eeuw in 1973 stierf.

Rudy Riciotti
Deze sterarchitect uit Bandol bouwt de Côte d'Azur vol met futuristische gebouwen, zoals het Musée Cocteau in Menton. Bouwt verder ook nog in Potsdam, Seoul en Venetië.

Mick Jagger
sloot zichzelf met zijn collega-Rolling-Stones in 1972 enkele maanden op in de Villa Nellcôte in Villefranche-sur-Mer, waar ze het album *Exile on Main Street* opnamen.

Yann Arthus Bertrand
Als hij niet net de wereld vanboven belicht of hem meteen maar wil verbeteren, woont de beroemde fotograaf in een 500 jaar oud fort op Port-Cros.